W0085085

Andreas Neubauer
Oliver Brachat

Bestes Eis selbst gemacht

Bassermann

INHALT

VORWORT

Hausgemachtes Eis schmeckt um Klassen besser als jede gekaufte Variante – versprochen! Mit unseren Eisideen bekommen Capri, Dolomiti und Co coole Konkurrenz.

Wir lassen uns gerne von saisonalen Zutaten inspirieren und probieren ständig neue Kreationen aus. So sind Lieblingssorten wie Orange-Rosmarin, Brombeer-Sauerrahm und Zitronengras-Limette entstanden. Und allerlei Spielereien wie Eis-Donuts, Konfetti-Eistorte oder Apfelstrudel-Eisriegel sowie Cocktails, die verheißungsvoll im eisgekühlten Glas glitzern. Sehr besonders im Geschmack sind edle Varianten mit einem Schuss Alkohol wie das Grand-Marnier-Parfait mit Gewürzorangen oder das Champagnersorbet. Beides sind tolle Ideen für ein elegantes Festtagsmenü.

Viele Rezepte funktionieren auch ohne Eismaschine. Die Anschaffung dieses praktischen Küchenhelfers sollte Ihnen aber durchaus eine Überlegung wert sein. Das ist eine Investition, die sich lohnt und die Sie schnell nicht mehr missen möchten.

Eis war schon vor Jahrhunderten überaus beliebt und sein Verzehr symbolisierte Luxus und Macht. Alexander der Große und Kaiser Nero waren berühmte Verfechter der kalten Köstlichkeit und schickten ihre Schnellläufer in die Berge, um Schnee und Gletschereis für die Eisherstellung zu beschaffen. Schon 3000 Jahre v. Chr. kannten die Herrscher im antiken China die erfrischende Süßspeise.

Mit dem Untergang des Römischen Reiches ging das Wissen um die Eisherstellung in Europa zunächst verloren. Marco Polo entdeckte das Rezept in China wieder und brachte es nach Venedig. So war Italien Jahrhunderte später das erste Land, das Speiseeis im größeren Stil produzierte. Die ersten italienischen Eisdielen eröffneten in Deutschland in den zwanziger Jahren, und seit den dreißiger Jahren gibt es Eis in industriell gefertigter Form. Schon seit Langem hält die Eisherstellung Einzug in unsere eigenen Küchen, und die leckeren Ergebnisse genießen zum Glück nicht mehr nur Kaiser und Könige.

In diesem Sinne:
Viel Spaß beim Selbermachen!

KLEINE EISTHEORIE

CREMIGE EISSORTEN

Grundsätzlich unterscheidet man cremige und fruchtige Eissorten. Für ein **Cremeeis** wie Vanille- oder Schokoladeneis benötigt man eine flüssige Basis, Emulgatoren, Zucker und unterschiedliche geschmacksgebende Zutaten (siehe Seite 11f.).

Zu den cremigen Eisspezialitäten zählt unter anderem **Parfait**, oft auch **Halbgefrorenes** oder **Semifreddo** genannt. Das Wort »Parfait« stammt aus dem Französischen und bedeutet »hervorragend«. Klassisch wird Parfait mit Eigelben, Zucker und Sahne zubereitet. Die Zutaten werden cremig aufgeschlagen und je nach gewünschtem Geschmack kommen Fruchtpüree, Gewürze oder Schokolade dazu. Parfait muss beim Gefriervorgang im Gegensatz zu Cremeeis nicht zwingend umgerührt und kann ohne Eismaschine zubereitet werden.

FRUCHTIGE EISSORTEN

Fruchteis besteht aus den Hauptbestandteilen Fruchtsaft, Fruchtmus und Zucker. Bei der Zubereitung wird der Zucker in Wasser oder Fruchtsaft erhitzt, aufgelöst und anschließend mit pürierten Früchten oder anderen Zutaten vermengt. Durch das Auflösen des Zuckers verhindert man, dass das Eis zu hart wird und nach dem Einfrieren unerwünschte grobe Zuckerkristalle zurückbleiben. Fruchteis ist einfach selbst zuzubereiten und wird oft zu **Eis am Stiel**, in Form von **Paletas** oder **Ice-Pops**, verarbeitet.

Sorbet besteht aus denselben Zutaten, sein Fruchtgehalt ist jedoch deutlich höher und liegt bei mindestens 25 Prozent. Bei Sorbets mit Zitrusfrüchten ist der Anteil geringer und beträgt mindestens 15 Prozent. Sorbets funktionieren zwar ohne Eismaschine, wenn man sie beim Gefriervorgang einige Male mit einer Gabel umrührt (siehe Seite 12), das Ergebnis wird aber besser, wenn sie in einer Eismaschine zubereitet werden.

Eine dem Sorbet sehr ähnliche halbgefrorene Eisspezialität ist **Granité**. Sie kommt ursprünglich aus Sizilien und hat eine gröbere und etwas körnigere Struktur als Sorbet. Bei Granité werden die Eiskristalle während des Gefriervorgangs mit einer Gabel regelmäßig aufgekratzt, um sie relativ klein zu halten. Eine Eismaschine ist nicht erforderlich.

KONSISTENZ

Die Konsistenz von Eis ist abhängig davon, wie hoch der Fettgehalt der Zutaten ist. Grundsätzlich gilt: Je cremiger das Eis sein soll, desto höher muss der Fettgehalt der verwendeten Milchprodukte sein. Die Eiskristalle bleiben beim Gefrieren dann angenehm klein. Bei Eissorten, die rein auf Fruchtbasis zubereitet werden, bleiben aufgrund des hohen Wasseranteils nach dem Gefrieren meist Eiskristalle spürbar.

Ein wesentlicher Faktor für die Cremigkeit eines Eises ist zudem die Schnelligkeit, mit der es gefriert. Je schneller etwas gefriert, desto kleiner sind die Eiskristalle, die sich bilden – so erklärt sich auch das perfekte und schnelle Ergebnis, das mit einer Eismaschine entsteht.

GUTE ZUTATEN

Beim Eismachen sollte man nicht an den Zutaten sparen und nur natürliche und hochwertige Produkte verwenden.
Das heißt:
■ Eier aus ökologischer Landwirtschaft
■ hochwertige tierische oder pflanzliche Milchprodukte
■ echte Bourbon-Vanille
■ feine Schokolade
■ frisches, saisonales Obst und Gemüse
■ ausgewählte Gewürze und Kräuter
■ hochwertiges Mehl

HAUPTBESTANDTEILE

Herkömmliches Cremeeis setzt sich aus folgenden Hauptbestandteilen zusammen:
■ flüssige Basis
■ Emulgator
■ Zucker
■ geschmacksgebende Zutaten

Als **flüssige Basis** werden in der Regel Milch und Sahne verwendet. Für die Zubereitung von veganen Eissorten kann man tierische Produkte durch pflanzliche ersetzen. Sojamilch eignet sich besonders gut, da das enthaltene Lecithin zur Stabilisierung der Eismasse beiträgt. Möchte man hellere Eissorten wie Zitronen- oder Vanilleeis herstellen, sollte man darauf achten, keine Pflanzendrinks mit gräulicher Färbung (z.B. Dinkel- oder Haferdrink) zu verwenden, sondern eher auf helle Drinks wie Mandel-, Kokos- oder Reismilch zurückgreifen.

Emulgatoren fungieren als Verdickungs- und Bindemittel. Zur Herstellung von industriell gefertigter Eiscreme wird meistens eine Vielzahl an Emulgatoren verwendet. Für den Hausgebrauch reicht jedoch Eigelb aus. Das darin enthaltene Lecithin sorgt dafür, dass sich Zutaten mit einem hohen Wasseranteil und Zutaten mit einem hohen Fettgehalt verbinden, das heißt das Wasser setzt sich unten nicht ab. Statt Eigelb kann man auch pflanzliche Bindemittel wie Speisestärke oder Guarkernmehl verwenden.

Zucker ist ein wichtiger Geschmacksträger und sorgt ebenfalls für die richtige Konsistenz. Fügt man zu wenig Zucker hinzu, wird das Eis nach dem Gefrieren sehr hart. Zucker senkt den Gefrierpunkt und verhindert so, dass das in der Eismasse vorhandene Wasser zu schnell kristallisiert. Es gilt: Je mehr Zucker im Eis ist, desto weniger fest wird es. Der Zucker sollte vor dem Verarbeiten immer gut aufgelöst werden oder von Natur aus schon sehr fein sein wie beispielsweise Puderzucker. Denn die Zuckerkristalle verhärten sich durch die Kälte und können im fertigen Eis stören.

Grundsätzlich ist feiner Zucker ein Garant für die richtige Konsistenz. Man kann auch alternative Süßungsmittel wie Ahornsirup, Agavendicksaft, Honig oder Stevia verwenden. Die Lebensmittelindustrie verwendet in der Regel Glukosesirup als billiges Süßungsmittel. Generell muss man beim Abschmecken beachten, dass Eis nach dem Gefrieren weniger süß schmeckt als die Eismasse selbst. Soll das fertige Eis also schön süß schmecken, muss die Eismasse vor dem Gefrieren bereits sehr süß sein.

Neben Zucker sorgen **geschmacksgebende Zutaten** wie Obst, getrocknete Früchte, Schokolade, Nüsse, Kräuter und Gewürze für das gewünschte Aroma. Besonders lecker schmeckt Eis, wenn reifes Obst verwendet wird.

ZUBEREITUNG UND TEMPERIERUNG

Entscheidend für die perfekte Konsistenz von Eiscreme ist die richtige Temperatur der Eismasse vor und während der Weiterverarbeitung.

1. Damit das Eis schön cremig ist, müssen alle Zutaten vor dem Gefrieren in einem Topf erhitzt werden. Dabei darf die Temperatur 85 °C nicht übersteigen.
2. Bevor die Eismasse in die Eismaschine oder in das Gefrierfach gegeben wird, muss sie gut gekühlt werden.
3. Dann kann die Masse in einer haushaltsüblichen Eismaschine gefrieren, das dauert ca. 30 Minuten. Wer keine Eismaschine hat, sollte die Eismasse während des Gefriervorgangs einige Male mit einer Gabel durchrühren oder noch besser mit den Rührbesen des Handrührgeräts auf hoher Stufe aufschlagen. Mit diesem Vorgang wird eine zu starke Kristallbildung verhindert. Das Resultat wird allerdings nicht ganz so cremig wie mit einer Eismaschine.
4. Die optimale Serviertemperatur beträgt bei Cremeeis zwischen -7 und -11 °C. Bei dieser Temperatur ist das Eis gut portionierbar und entfaltet zudem am besten seine Aromen. Da herkömmliche Gefriertruhen meistens auf -18 °C bis -24 °C heruntergekühlt werden, ist es wichtig, das Eis vor dem Servieren 10–15 Minuten antauen zu lassen.

HALTBARKEIT UND AUFBEWAHRUNG

Industriell hergestelltes Eis beinhaltet Konservierungsstoffe. Bei selbst gemachtem Cremeeis ist die Haltbarkeitsdauer kürzer, da es schnell an Geschmack verliert und die Bildung von Eiskristallen einsetzt, sobald es länger ohne Rühren aufbewahrt wird.

Insbesondere bei Eissorten mit einem hohen Fruchtgehalt kann es durch die in den Früchten enthaltene Säure schon innerhalb weniger Stunden zum Ausflocken kommen. Eiscreme sollte – vor allem wenn sie mit Ei zubereitet wurde – innerhalb von 3 Tagen aufgebraucht werden.

Eis am Stiel hält sich im Gefrierfach problemlos bis zu 10 Tage. Auch Parfait ist länger haltbar und kann mindestens 10 Tage aufbewahrt werden. Granité und Sorbet hingegen sollten am besten direkt nach der Fertigstellung verzehrt werden, da sie dann am geschmacksintensivsten sind.

Grundsätzlich sollte man bereits aufgetaute Eisspezialitäten nicht erneut einfrieren. Besonders gilt das, wenn bei der Zubereitung Eier verwendet wurden. Es bietet sich daher an, Eis portionsweise einzufrieren. So können nach Bedarf kleinere Mengen angetaut und genossen werden.

SELBST GEMACHTE
EISWAFFELN

Für ca. 15 Stück

ZUTATEN

200 g Marzipanrohmasse

1 Ei

2 EL Mehl

100 ml Milch

50 g Zucker

2–3 EL Kokosraspel nach Belieben

➡ Zubereitung: ca. 20 Min.

🔲 Backen: ca. 6 Min. pro Backvorgang

ZUBEREITUNG

1. Den Backofen auf 180 °C vorheizen. Marzipan klein würfeln, mit Ei, Mehl, Milch und Zucker in einen hohen Behälter geben und mit einem Stabmixer zu einem glatten Teig verarbeiten.

2. Teig mithilfe einer Palette und einer runden Schablone (Ø 10–12 cm) gleichmäßig dünn auf ein mit Backpapier ausgelegtes Blech streichen, sodass einzelne Teigkreise entstehen. Nach Belieben mit Kokosraspeln bestreuen. Im heißen Ofen in ca. 6 Minuten goldbraun backen.

3. Gebäck aus dem Ofen nehmen, Teigblätter vorsichtig mithilfe einer Palette von dem Backpapier lösen und noch heiß zu Tüten einrollen.

TIPPS

SOBALD DAS GEBÄCK ABKÜHLT, LÄSST ES SICH NICHT MEHR FORMEN. EINFACH ERNEUT IN DEN OFEN STELLEN, DANN WIRD ES WIEDER WEICH. IN EINER LUFTDICHT VERSCHLIESSBAREN DOSE HALTEN SICH DIE WAFFELN MEHRERE WOCHEN.

Eiscreme & SORBET

Zartschmelzend oder prickelnd frisch: Eiscremes und
Sorbets sind immer unwiderstehlich köstlich, ob als
kühle Wonne im Sommer oder als edles Dessert.
Ein Hauch von Orient begleitet die Mokka-Kardamom-
Eiscreme, Champagnersorbet lässt in Luxus schwelgen,
und für sommerlich-leichte Erfrischung sorgen das
Melonensorbet und Himbeer-Kokos-Eis.

HIMBEER-KOKOS-

EIS

Für 6–8 Portionen

ZUTATEN

3 Eigelb

150 g Zucker

Mark von 1 Vanilleschote

250 ml ungesüßte
Kokosmilch

500 g frische Himbeeren
(alternativ: aufgetaute
TK-Beeren)

75 ml Kokoslikör

6–8 Eiswaffeltüten
(selbst gemacht siehe
Seite 15 oder Fertigprodukt)

➥ Zubereitung: ca. 20 Min.

✳ Gefrieren: ca. 30 Min.

ZUBEREITUNG

1. Eigelbe mit Zucker, Vanillemark und Kokosmilch in einen
Topf geben und unter ständigem Rühren so lange erhitzen,
bis die Flüssigkeit eine leicht dickflüssige, cremige Konsistenz erlangt hat.

2. Creme mit Himbeeren und Kokoslikör in einen Mixer
geben, fein pürieren. Anschließend alles durch ein Sieb
streichen.

3. Eismasse in eine Eismaschine geben und in ca. 30 Minuten gefrieren lassen. Anschließend mit einem Löffel auf die
Eiswaffeln verteilen und am besten sofort genießen.

ROSMARINEIS
MIT POCHIERTEM PFIRSICH

Für 6 Portionen

ZUTATEN

3–4 Zweige Rosmarin

200 ml Milch

200 ml Sahne

100 g Zucker

5 Eigelb

Für pochierten Pfirsich:

150 ml Weißwein

250 ml Pfirsichsaft

75 g Zucker

3 große Pfirsiche

1–2 TL Speisestärke, mit
kaltem Wasser angerührt

Für die Garnitur:

ca. 150 g frische Himbeeren

Amaretti und gezuckerte
Rosmarinzweige

➡ Zubereitung: ca. 40 Min.

✱ Gefrieren: ca. 30 Min.

ZUBEREITUNG

1. Rosmarin abbrausen, trocken schütteln und grob hacken.
Milch mit Sahne, Zucker und Rosmarin in einen Topf geben
und aufkochen. Vom Herd nehmen und 20 Minuten ziehen
lassen. Dann Eigelbe unterrühren und die Mischung unter
ständigem Rühren so lange erhitzen, bis sie eine leicht dickflüssige, cremige Konsistenz erlangt hat.

2. Creme durch ein Sieb in eine Schüssel gießen und etwas
abkühlen lassen. In einer Eismaschine in ca. 30 Minuten
gefrieren lassen.

3. In der Zwischenzeit Weißwein mit Pfirsichsaft und Zucker
aufkochen. Pfirsiche halbieren, Kerne entfernen, Pfirsichhälften in den nur leicht köchelnden Sud geben und darin
ca. 5 Minuten zugedeckt pochieren. Einmal wenden. Pfirsiche aus dem Sud nehmen, kalt abschrecken, Haut vorsichtig abziehen. Pochiersud um die Hälfte einkochen, dann
mit etwas Stärke leicht binden. Pfirsichhälften zurück in den
Sud geben und erkalten lassen.

4. Je eine Pfirsichhälfte mit etwas Pochiersud und Himbeeren auf Teller verteilen, darauf jeweils 1 große Kugel
Eiscreme setzen. Nach Belieben mit zerbröselten Amaretti
und gezuckerten Rosmarinzweigen garnieren.

VANILLEEIS

Für 4 Portionen

ZUTATEN

250 ml Milch

250 ml Sahne

100 g Zucker

1 Vanilleschote

6 Eigelb

➡ Zubereitung: ca. 30 Min.

✳ Gefrieren: ca. 30 Min.

ZUBEREITUNG

1. Milch, Sahne und die Hälfte des Zuckers in einen Topf geben. Vanilleschote der Länge nach aufschneiden, das Mark herauskratzen und zusammen mit der Schote zur Milch-Sahne-Mischung geben. Alles zusammen aufkochen, dann vom Herd nehmen und 10 Minuten ziehen lassen.

2. In der Zwischenzeit die Eigelbe mit dem restlichen Zucker in eine Schüssel geben und cremig aufschlagen. Vanille-Milch-Mischung durch ein Sieb zu den Eigelben gießen, alles miteinander verrühren, danach wieder zurück in den Topf geben und unter ständigem Rühren so lange erhitzen, bis die Flüssigkeit eine leicht dickflüssige, cremige Konsistenz erlangt hat.

3. Vanillecreme abkühlen lassen, dann in eine Eismaschine geben und in ca. 30 Minuten gefrieren lassen.

NOUGATEIS

Für 6 Portionen

ZUTATEN

250 ml Milch

250 ml Sahne

100 g Zucker

1 Prise Salz

4 Eigelb

1 Pck. Vanillezucker

150 g Nuss-Nougat

75 ml Schokoladenlikör

150 g Zartbitterkuvertüre

100 g Vollmilchkuvertüre

100 g Kokosfett

6 Eiswaffeltüten
(selbst gemacht siehe
Seite 13 oder Fertigprodukt)

ca. 100 g gehackte
Haselnüsse

➡ Zubereitung: ca. 35 Min.

✳ Gefrieren: ca. 40 Min.

ZUBEREITUNG

1. Milch, Sahne und Zucker mit Salz in einen Topf geben. Alles aufkochen, dann vom Herd nehmen.

2. Eigelbe mit Vanillezucker in eine Schüssel geben und cremig aufschlagen. Sahne-Milch-Mischung zugießen, alles miteinander verrühren, danach wieder in den Topf geben und unter Rühren so lange erhitzen, bis die Flüssigkeit eine leicht dickflüssige, cremige Konsistenz erlangt hat.

3. Nuss-Nougat würfeln, mit dem Schokoladenlikör unter die heiße Creme rühren und darin schmelzen. Mischung abkühlen lassen, in eine Eismaschine geben und in ca. 30 Minuten gefrieren lassen. Dann die Eiscreme in einen Spritzbeutel mit großer Sterntülle umfüllen und im Gefrierfach weitere 10 Minuten durchkühlen lassen.

4. Währenddessen die beiden Kuvertüresorten klein hacken und mit Kokosfett in einer Schüssel über dem heißen Wasserbad schmelzen. Die Haselnüsse auf einen flachen Teller geben. Eiswaffeltüten im Inneren mit einem Teil der flüssigen Kuvertüreglasur auspinseln. Die Ränder der Eistüten jeweils in die Glasur tauchen und in die gehackten Haselnüsse drücken. Glasur fest werden lassen.

5. Eiscreme aus dem Gefrierfach nehmen und in die Waffeltüten spritzen. Rasch kopfüber in die restliche flüssige Glasur tauchen, dann abtropfen und fest werden lassen.

TIPP

GEFÜLLTE EISWAFFELTÜTEN EINFACH BIS ZUM
VERZEHR IM GEFRIERFACH AUFBEWAHREN.

KOKOSSORBET

Für 4 Portionen

ZUTATEN

Saft von 1 Limette

500 ml ungesüßte Kokosmilch

100 g Puderzucker

75 ml Kokoslikör

➡ Zubereitung: ca. 15 Min.

✳ Gefrieren: ca. 30 Min.

ZUBEREITUNG

1. Limettensaft mit Kokosmilch, Puderzucker und Kokoslikör gründlich verrühren. Kokosmischung in einer Eismaschine in ca. 30 Minuten gefrieren lassen.

2. Das Sorbet anschließend auf gut gekühlte Schalen verteilen und beispielsweise mit dem exotischen Fruchtmix (siehe Seite 141) servieren.

◄ IDEE ►

VERWENDEN SIE ZUM SERVIEREN GEKÜHLTE KOKOSNUSSSCHALENHÄLFTEN (SIEHE FOTO). SIE KÖNNEN DAS SORBET AUCH SCHON MEHRERE STUNDEN VOR DEM SERVIEREN IN DIE SCHALEN STREICHEN. DIE SCHALEN DANN EINFACH KURZ VOR DEM GENIESSEN AUS DEM GEFRIERFACH NEHMEN UND CA. 10 MINUTEN ANTAUEN LASSEN.

PISTAZIEN-
AMARETTO-
EIS

Für 4 Portionen

ZUTATEN

250 ml Milch

250 ml Sahne

75 g Honig

1 Prise Salz

4 Eigelb

1 Pck. Vanillezucker

150 g geschälte
Pistazienkerne

3 EL Amaretto

➡ Zubereitung: ca. 30 Min.

✳ Gefrieren: ca. 30 Min.

ZUBEREITUNG

1. Milch, Sahne und Honig mit Salz in einen Topf geben. Alles aufkochen, dann vom Herd nehmen.

2. Eigelbe mit Vanillezucker in eine Schüssel geben und cremig aufschlagen. Honig-Milch-Mischung zugießen, alles miteinander verrühren, danach wieder zurück in den Topf geben und unter ständigem Rühren so lange erhitzen, bis die Flüssigkeit eine leicht dickflüssige, cremige Konsistenz erlangt hat. Abkühlen lassen.

3. In der Zwischenzeit die Pistazien in einer Pfanne unter regelmäßigem Rühren in ca. 5 Minuten rösten. Dann zusammen mit dem Amaretto und der abgekühlten Honig-Creme mit einem Stabmixer in ca. 2–3 Minuten möglichst fein mixen.

4. Eismasse in einer Eismaschine in ca. 30 Minuten gefrieren lassen.

MANGO-
PASSIONSFRUCHT-
SORBET

Für 10 kleine Portionen

ZUTATEN

5 Passionsfrüchte

2 sehr reife Mangos

125 g Puderzucker

➡ Zubereitung: ca. 15 Min.

✳ Gefrieren: 25–30 Min.

ZUBEREITUNG

1. Passionsfrüchte halbieren. Mark mit einem Löffel heraus-kratzen und sorgfältig durch ein feines Sieb in eine Schüssel streichen, sodass nur noch die Kerne im Sieb verbleiben. Die ausgehöhlten Passionsfruchtschalenhälften in das Gefrierfach legen.

2. Mangos schälen, Fruchtfleisch am Stein entlang herunter-schneiden und würfeln. Mit Passionsfruchtmark und Puder-zucker in einen hohen Behälter geben und fein pürieren.

3. Fruchtpüree in eine Eismaschine geben und darin in 25–30 Minuten gefrieren lassen. Anschließend in die eis-gekühlten Passionsfruchtschalenhälften füllen und sofort servieren.

IDEE

DIE KERNE DER PASSIONSFRÜCHTE LASSEN SICH PRIMA ALS KNUSPRIGES TOPPING VERWENDEN: DAFÜR DIE KERNE IN WASSER GRÜNDLICH WASCHEN UND ANSCHLIESSEND AUF EINEM MIT BACKPAPIER AUSGELEGTEN BACKBLECH VERTEILEN. DEN BACKOFEN AUF 180 °C VORHEIZEN UND DIE KERNE DARIN IN CA. 15 MINUTEN RÖSTEN. ZWISCHENDURCH GELEGENTLICH WENDEN.

PFEFFEREIS

MIT KIRSCHGRÜTZE

Für 4–6 Portionen

ZUTATEN

30 g schwarze Pfefferkörner

250 ml Milch

250 ml Sahne

75 g Zucker

Abrieb von 1 Bio-Orange

4 Eigelb

50 g Vollmilchschokolade

Für die Kirschgrütze:

400 g frische Kirschen

100 g Gelierzucker (3:1)

100 ml roter Portwein

➡ Zubereitung: ca. 25 Min.

✚ Ziehen: 10 Min.

✳ Gefrieren: ca. 30 Min.

ZUBEREITUNG

1. Pfeffer im Mörser zerstoßen, mit Milch, Sahne, Zucker und Orangenabrieb in einen Topf geben und alles aufkochen. Vom Herd nehmen und 10 Minuten ziehen lassen.

2. Eigelbe unter die Pfeffermischung rühren, Topf zurück auf den Herd stellen und die Masse bei mittlerer Hitze unter ständigem Rühren so lange erhitzen, bis sie eine leicht dickflüssige, cremige Konsistenz erlangt hat.

3. Vollmilchschokolade klein hacken, unter die heiße Creme rühren und darin schmelzen. Mischung durch ein feines Sieb gießen, abkühlen lassen und in einer Eismaschine in ca. 30 Minuten gefrieren lassen.

4. In der Zwischenzeit für die Grütze die Kirschen waschen, entsteinen und grob hacken. Zusammen mit Gelierzucker und Portwein in einen kleinen Topf geben und unter regelmäßigem Rühren 4 Minuten sprudelnd kochen lassen. Anschließend abkühlen lassen und zusammen mit je 1 großen Kugel Pfeffereis servieren.

MOKKA-KARDAMOM-EIS

Für 4–6 Portionen

ZUTATEN

100 g Mokkabohnen

5–6 Kardamomkapseln

250 ml Milch

250 ml Sahne

100 g Zucker

75 g Vollmilchschokolade

4 Eigelb

Für die Garnitur:
ca. 150 ml Cassissoße
(siehe Seite 132, Frucht-
soßen)
Schoko-Mokka-Bohnen
nach Belieben

➡ Zubereitung: ca. 40 Min.

✳ Gefrieren: ca. 30 Min.

ZUBEREITUNG

1. Mokkabohnen mit Kardamom in einem Mörser fein zerstoßen und mit Milch, Sahne und der Hälfte des Zuckers aufkochen. Topf vom Herd nehmen und die Mokkamischung 15 Minuten ziehen lassen.

2. In der Zwischenzeit Schokolade klein hacken. Eigelbe mit restlichem Zucker in eine Schüssel geben und cremig aufschlagen. Mokkamischung durch ein Sieb zu den Ei-gelben geben, alles miteinander verrühren. Die Mischung danach zurück in den Topf gießen und unter ständigem Rühren so lange erhitzen, bis sie eine leicht dickflüssige, cremige Konsistenz erlangt hat.

3. Schokolade unterrühren und in der heißen Creme schmelzen. Anschließend abkühlen lassen, dann in eine Eismaschine geben und in ca. 30 Minuten gefrieren lassen.

4. Eiscreme in einen Spritzbeutel umfüllen und in kleine Becher spritzen. Cassissoße darüberträufeln und nach Belieben mit einigen gehackten Schoko-Mokka-Bohnen bestreut servieren.

SCHOKOEIS

MIT CHILI-KIRSCH-SORBET

Für 4–6 Portionen

ZUTATEN

250 ml Milch

250 ml Sahne

100 g Zucker

3 Eigelb

1 EL Kakaopulver

Mark von 1 Vanilleschote

150 g Zartbitterschokolade

Für das Chili-Kirsch-Sorbet:

1 kleine rote Chilischote

400 g entsteinte
Sauerkirschen (Glas)

100 g Zucker

Für die Garnitur:
Schokoblätter (siehe
Seite 134) oder Schoko-
splitter nach Belieben

➡ Zubereitung: ca. 35 Min.

✳ Gefrieren: ca. 1 Std.

ZUBEREITUNG

1. Milch mit Sahne, Zucker, Eigelben, Kakao und Vanille-mark in einem Topf verrühren, auf den Herd stellen und bei mittlerer Hitze so lange rühren, bis die Flüssigkeit eine leicht dicklich-cremige Konsistenz erhält. Topf vom Herd nehmen.

2. Schokolade hacken und über einem heißen Wasser-bad schmelzen. Die Hälfte unter die heiße Sahne-Milch-Mischung rühren. Schokoeismasse in einer Eismaschine in ca. 30 Minuten gefrieren lassen. Sobald die Schokocreme in der Eismaschine beginnt fest zu werden, die restliche flüssige Schokolade in dünnem Strahl zugießen. Eiscreme in eine Schüssel umfüllen und in das Gefrierfach stellen.

3. Für das Sorbet Chili hacken. Kirschen abtropfen lassen, aufgefangenen Kirschsaft mit Zucker und Chili 2 Minuten sprudelnd kochen lassen. Kirschsirup und Kirschen mit ei-nem Stabmixer fein pürieren, dann durch ein Sieb streichen. Mischung in einer Eismaschine in ca. 30 Minuten zu einem cremigen Sorbet gefrieren lassen.

4. Eis- und Sorbetmasse abwechselnd in ein mit Backpapier ausgelegtes tiefes Blech streichen und nach Belieben mit zerbröselten Schokoblättern oder -splittern bestreuen. Bis zum Servieren im Gefrierfach aufbewahren.

ERDBEER-JOGHURT-EIS
MIT BALSAMICOSIRUP

Für 4 Portionen

ZUTATEN

600 g reife aromatische Erdbeeren

150 g Zucker

Saft von 1 Zitrone

Mark von 1 Vanilleschote

250 g griechischer Joghurt

Für den Balsamicosirup:

150 ml Aceto Balsamico

250 ml Rotwein

100 g Zucker

Außerdem:

Eiswaffelstückchen (siehe Seite 15) zum Garnieren

➡ Zubereitung: ca. 30 Min.

✳ Gefrieren: ca. 30 Min.

ZUBEREITUNG

1. Für den Sirup Balsamico mit Rotwein und Zucker auf die Hälfte (ca. 200 Milliliter) einkochen. Abkühlen lassen.

2. Erdbeeren waschen, entkelchen und klein schneiden. Erdbeerstücke zusammen mit Zucker, Zitronensaft und Vanillemark in einen Topf geben und unter gelegentlichem Rühren ca. 10 Minuten leise köcheln lassen. Anschließend alles fein pürieren und mit dem Joghurt vermischen. Abkühlen lassen.

3. Eismasse in eine Eismaschine geben und in ca. 30 Minuten gefrieren lassen. Eiscreme in gut gekühlte Schalen füllen, mit Eiswaffelstückchen garnieren und mit Balsamicosirup beträufeln.

HEIDELBEER-BUTTERMILCH-EIS

Für 4 Portionen

ZUTATEN

200 g aufgetaute
TK-Heidelbeeren

125 g Zucker

2–3 EL roter Portwein

3 Eigelb

150 ml Buttermilch

100 ml Sahne

½ TL Zimt

➡ Zubereitung: ca. 25 Min.

✳ Gefrieren: ca. 30 Min.

ZUBEREITUNG

1. Beeren mit 75 Gramm Zucker und Portwein zugedeckt in ca. 10 Minuten bei geringer bis mittlerer Hitze weich kochen. Anschließend in einen hohen Behälter füllen und mit einem Stabmixer möglichst fein pürieren.

2. Eigelbe mit dem übrigen Zucker in eine Schüssel geben und schaumig aufschlagen. Buttermilch und Heidelbeerpüree unterrühren. Dann die Sahne halbsteif schlagen und mit dem Zimt unterheben.

3. Eismasse in einer Eismaschine in ca. 30 Minuten gefrieren lassen.

TIPP

WENN SIE DIE EISCREME NICHT SOFORT GENIESSEN MÖCHTEN, KÖNNEN SIE SIE PORTIONSWEISE IN KLEINE PAPPSCHACHTELN FÜLLEN UND BIS ZUM VERZEHR IM GEFRIERFACH AUFBEWAHREN.

FROZEN JOGHURT

Für 4–6 Portionen

ZUTATEN

500 g griechischer Joghurt

3 EL Vanillezucker

Saft von 1 Limette

2 Eiweiß

1 kleine Prise Salz

75 g Zucker

➡ Zubereitung: ca. 15 Min.

✳ Gefrieren: 25–30 Min.

ZUBEREITUNG

1. Joghurt mit Vanillezucker und Limettensaft verrühren. Eiweiße mit Salz und Zucker zu einem cremigen nicht zu steifen Schnee schlagen. Diesen unter die Joghurtmischung heben. Masse in einer Eismaschine in 25–30 Minuten cremig gefrieren lassen.

2. Frozen Joghurt in einen Spritzbeutel mit großer Sterntülle füllen, auf gut vorgekühlte Gläser verteilen und sofort servieren.

TIPP

IDEAL PASST DAZU EINE BEERENGRÜTZE (SIEHE SEITE 139).

CHAMPAGNER-
SORBET

Für 6 Portionen

ZUTATEN

125 g Butter

3 Eigelb

500 ml Champagner

150 g Zucker

➡ Zubereitung: ca. 20 Min.

✳ Gefrieren: 2½ Std.

ZUBEREITUNG

1. Butter in kleine Würfel schneiden und mit den Eigelben in eine Schüssel geben. Champagner und Zucker auf ca. 70 °C erhitzen und über die Butter und Eigelbe in der Schüssel gießen.

2. Das Ganze mit einem Stabmixer ca. 5 Minuten mixen. Masse anschließend in ca. 30 Minuten in einer Eismaschine cremig gefrieren lassen. Danach in eine vorgekühlte Schüssel umfüllen und im Gefrierfach weitere 2 Stunden durchziehen lassen.

MELONEN-
SORBET

Für 8 Portionen

ZUTATEN

1 reife Charentais-Melone

100 g Zucker

Saft von 1 Zitrone

2 EL Honig

150 g griechischer Joghurt

1 Pck. Vanillezucker

1 Eiweiß

➡ Zubereitung: ca. 25 Min.

✱ Gefrieren: ca. 2½ Std.

ZUBEREITUNG

1. Melone halbieren, Kerngehäuse mit einem Löffel herauskratzen. Da sich im Kerngehäuse noch aromatischer Melonensaft befindet, empfiehlt es sich, das Kerngehäuse sorgfältig durch ein Sieb zu streichen und den dabei austretenden Saft aufzufangen und für das Sorbet zu verwenden. Das Fruchtfleisch ebenfalls – bis hinunter auf die Schale – mit einen Löffel herauslösen. Die beiden vollständig ausgehöhlten Melonenhälften in das Gefrierfach legen.

2. Zucker mit Zitronensaft erwärmen, bis er sich vollständig aufgelöst hat. Die warme Zitronensaft-Zucker-Mischung mit dem Fruchtfleisch und dem aufgefangenen Melonensaft mit dem Stabmixer fein pürieren. Masse in einer Eismaschine in ca. 30 Minuten gefrieren lassen.

3. Das fertige Melonensorbet in die gekühlten Melonenhälften füllen. In die Mitte jeweils mit einem Löffelrücken eine gleichmäßige Mulde drücken und die Melonen zurück in das Gefrierfach legen.

4. Honig erwärmen und schmelzen. Joghurt mit Vanillezucker und Honig verrühren. Eiweiß zu steifem Schnee schlagen und unterheben. Mousse in die Mulden füllen, glatt streichen und die Melonenhälften nochmals ca. 2 Stunden in das Gefrierfach stellen. Jede Melonenhälfte mit einem Sägemesser in vier Spalten teilen und servieren.

44

ORANGEN-ROSMARIN-SORBET

Für 4–6 Portionen

ZUTATEN

4 Zweige Rosmarin

Saft von 4 Orangen

100 g Zucker

➡ Zubereitung: ca. 15 Min.

✳ Gefrieren: ca. 30 Min.
(siehe Tipp)

ZUBEREITUNG

Rosmarin abbrausen, trocken schütteln und grob hacken. Orangensaft mit Zucker und Rosmarin aufkochen. Sud auskühlen lassen. Abgekühlten Orangen-Rosmarin-Sud durch ein Sieb gießen und in einer Eismaschine in 30 Minuten cremig gefrieren lassen.

TIPP

BEI ALLEN DREI SORBETS BIETET ES SICH AN, SIE NOCH EINIGE ZEIT IN DAS GEFRIERFACH ZU STELLEN, SODASS SIE NOCH ETWAS FESTER WERDEN.

IDEE

DIE SORBETS IN ORANGEN-, LIMETTEN- UND ZITRONEN- HÄLFTEN (JEWEILS GRÜNDLICH AUSGEKRATZT UND GUT GEKÜHLT) FÜLLEN UND DARIN SERVIEREN.

EIS am STIEL

Heiße Sommertage, Strand und Eis am Stiel: So sehen Kindheitserinnerungen an perfekte Ferien aus! Jetzt bekommen Capri, Dolomiti & Co coole Konkurrenz. Auch wenn die kleine Erfrischung nun recht erwachsen wirkt – ob fruchtig als Zitronengras-Limetten-Eis, aromatisch als Sangriaeis am Zimtstiel oder sehr besonders als Grünteeeis – Eis am Stiel lässt uns jedes Mal wieder selig lächeln wie ein Kind.

MARMORIERTE HIMBEER-JOGHURT-PALETAS

Für 6–8 Stück

ZUTATEN

250 g frische Himbeeren

150 g Puderzucker

Mark von 1 Vanilleschote

250 g Sahnejoghurt

➡ Zubereitung: ca. 25 Min.

✳ Gefrieren: 5–6 Std.

ZUBEREITUNG

1. Himbeeren mit der Hälfte des Puderzuckers in einen hohen Becher geben und mit einem Stabmixer fein pürieren. Püree anschließend durch ein Sieb streichen. Vanillemark mit Joghurt und restlichem Puderzucker verrühren. Dann das Himbeerpüree zufügen, aber nur einmal umrühren, sodass sich Joghurt und Himbeerpüree nicht vollständig miteinander vermischen.

2. Die marmorierte Himbeer-Joghurt-Mischung nach und nach mit einem Löffel in spezielle Eis-am-Stiel-Formen oder kleine Trinkbecher füllen und 1–2 Stunden im Gefrierfach anfrieren lassen. Danach in jedes Eis einen Holzstiel stecken und weitere 4 Stunden gefrieren lassen. Paletas aus den Formen oder Bechern lösen und servieren.

APFEL-ANANAS-PALETAS

MIT BASILIKUM

Für 6–8 Stück

ZUTATEN

Saft von 1 Zitrone

125 g Zucker

1 reife Baby-Ananas

1 Apfel (Granny Smith)

2 Stängel Basilikum

➡ Zubereitung: ca. 30 Min.

✳ Gefrieren: 5–6 Std.

ZUBEREITUNG

1. Zitronensaft mit Zucker und 150 Milliliter Wasser aufkochen, anschließend erkalten lassen.

2. Ananas schälen, vierteln, den harten Strunk wegschneiden. Fruchtfleisch würfeln. Apfel waschen und schälen. Apfelschale grob hacken, geschälten Apfel entkernen und würfeln. Basilikum abbrausen, trocken schütteln und die Blättchen abzupfen. Alles in einen Mixer geben. Zitronen-Zuckersirup zufügen und alles in ca. 4 Minuten fein pürieren. (Durch die Apfelschalen und den Basilikum erhält die Mischung eine schöne frisch-grüne Farbe.)

3. Mischung in spezielle Eis-am-Stiel-Formen oder in kleine Trinkbecher füllen, 1–2 Stunden im Gefrierfach anfrieren lassen. Danach in jedes Eis einen Holzstiel stecken und weitere 4 Stunden gefrieren lassen. Eis am Stiel aus den Formen oder Bechern lösen und genießen.

EXOTIC-PALETAS

MIT KOKOSMILCH

Für 6–8 Stück

ZUTATEN

2 Passionsfrüchte

100 g Zucker

1 Baby-Ananas

½ reife Mango

400 ml ungesüßte
Kokosmilch

➡ Zubereitung: ca. 30 Min.

✳ Gefrieren: 5–6 Std.

ZUBEREITUNG

1. Passionsfrüchte halbieren, Fruchtmark mit einem kleinen Löffel auskratzen und mit Zucker und 50 Milliliter Wasser aufkochen.

2. Ananas und Mango schälen, Fruchtfleisch würfeln und mit Kokosmilch fein pürieren. Dann den Passionsfruchtsirup samt den Kernen unterrühren.

3. Mischung entweder in spezielle Eis-am-Stiel-Formen oder in kleine Trinkbecher füllen, 1–2 Stunden im Gefrierfach anfrieren lassen. Danach in jedes Eis einen Holzstiel stecken und weitere 4 Stunden gefrieren lassen. Paletas aus den Formen oder Bechern lösen – und fertig ist das fruchtige Sommereis.

ZITRONENGRAS-LIMETTEN-EIS

AM ZITRONENGRASSTIEL

Für 6 Stück

ZUTATEN

6 Zitronengrasstangen

Saft von 6 und Abrieb von 3 Bio-Limetten

150 g Zucker

200 ml Mineralwasser mit Kohlensäure

➡ Zubereitung: ca. 15 Min.

✚ Ziehen: 30 Min.

✳ Gefrieren: 6–8 Std.

ZUBEREITUNG

1. Zitronengrasstangen in 10–12 cm lange, spitz zulaufende Spieße schneiden. Zitronengrasreste in einem kleinen Topf zerstampfen, dann mit Limettensaft und Zucker aufkochen. Topf vom Herd nehmen und alles 30 Minuten ziehen lassen.

2. Sud durch ein feines Sieb gießen, Limettenabrieb und Mineralwasser unterrühren, Mischung entweder in spezielle Eis-am-Stiel-Formen oder in kleine Trinkbecher füllen, ca. 2 Stunden im Gefrierfach anfrieren lassen. Danach in jedes Eis einen Zitronengrasspieß stecken und weitere 4–6 Stunden gefrieren lassen. Das etwas andere Eis am Stiel aus den Formen oder Bechern lösen und genießen.

BROMBEER-
SAUERRAHM-
ICE-POPS

Für ca. 8 Stück

ZUTATEN

400 g reife Brombeeren
(alternativ: aufgetaute
TK-Beeren)

200 g Zucker

250 g Sauerrahm

150 g Crème fraîche

2 EL Vanillezucker

➡ Zubereitung: ca. 45 Min.

✻ Gefrieren: ca. 5 Std.

ZUBEREITUNG

1. Brombeeren mit der Hälfte des Zuckers fein pürieren
und durch ein Sieb streichen. Sauerrahm mit Crème fraîche,
Vanillezucker und restlichem Zucker glatt rühren.

2. Brombeerpüree abwechselnd mit drei Vierteln der
Sauerrahmmischung in spezielle halbrunde Cake-Pop-
Formen füllen und 4 Stunden in das Gefrierfach stellen.

3. Die gefrorenen halbrunden Kugeln aus der Form
drücken. Auf der flachen Seite jeweils etwas von der restlichen Sauerrahmmischung verteilen. Die Hälften zu Kugeln
zusammensetzen und jeweils einen langen Holzspieß in die
Kugeln stecken. Ice-Pops zurück in das Gefrierfach stellen
und 1 weitere Stunde durchkühlen.

APRIKOSEN-
MASCARPONE-
PALETAS

Für 6–8 Stück

ZUTATEN

125 g Mascarpone

2–3 EL Milch

Mark von 1 Vanilleschote

1 Eiweiß

100 g Zucker

6 reife Aprikosen

50 ml Orangensaft

2 EL Amaretto

➡ Zubereitung: ca. 35 Min.

✳ Gefrieren: 4 Std.

ZUBEREITUNG

1. Mascarpone mit Milch und Vanillemark glatt rühren. Eiweiß mit der Hälfte des Zuckers cremig schlagen und unterheben. Mischung bis zur Hälfte in sechs bis acht spezielle Eis-am-Stiel-Formen füllen und 1 Stunde in das Gefrierfach stellen.

2. Währenddessen Aprikosen halbieren, Kerne entfernen. Aprikosenhälften würfeln und mit restlichem Zucker, Orangensaft und Amaretto in einen Topf geben, ca. 5 Minuten bei schwacher Hitze köcheln lassen. Alles in einen hohen Becher geben und mit einem Stabmixer fein pürieren.

3. Aprikosenpüree etwas abkühlen lassen und auf die Mascarponecreme in den Förmchen geben. In die Mitte jeweils einen Holzstiel stecken, Formen 3 Stunden in das Gefrierfach stellen. Die Formen danach kurz bis zum Rand in heißes Wasser tauchen, Paletas herausziehen.

TIPP

EINE BESONDERS RAFFINIERTE NOTE ERHALTEN DIE PALETAS, WENN MAN SIE MIT LIMETTEN-BASILIKUM-AROMAZUCKER (SIEHE SEITE 151) BESTREUT.

SANGRIAEIS

AM ZIMTSTIEL

Für 6–8 Stück

ZUTATEN

1 kernlose Bio-Orange

1 Pfirsich

ca. 2 EL Weinbrand

50 ml Orangenlikör

200 ml Orangensaft

75 g Zucker

400 ml spanischer Rotwein

6–8 schmale Zimtstangen

➡ Zubereitung: ca. 25 Min.

✱ Gefrieren: 6–8 Std.

ZUBEREITUNG

1. Orange und Pfirsich waschen und halbieren, Pfirsichkern entfernen. Orangen- und Pfirsichhälften in dünne Scheiben schneiden und in sechs bis acht spezielle Eis-am-Stiel-Formen oder in kleine Trinkbecher füllen.

2. Weinbrand, Orangenlikör und -saft mit Zucker und Rotwein vermischen und bis zum Rand in die Formen gießen. Das Ganze in das Gefrierfach stellen und 2 Stunden anfrieren lassen.

3. Je 1 Zimtstange in die Mitte jeder angefrorenen Eisportion stecken und in 4–6 Stunden festfrieren lassen. Vor dem Genießen die Formen kurz bis zum Rand in heißes Wasser tauchen und die Paletas an der Zimtstange herausziehen.

ORANGEN-MÖHREN-
EISLUTSCHER

Für 6 Stück

ZUTATEN

250 g Möhren

ca. 15 g Ingwer

4 saftige kernlose
Bio-Orangen

150 g Ahornsirup

Saft von 1 Zitrone

➡ Zubereitung: ca. 25 Min.

✱ Gefrieren: ca. 5 Std.

ZUBEREITUNG

1. Möhren und Ingwer schälen und in Scheiben schneiden. Von 1 Orange die Schale fein abreiben. Alle Orangen schälen, sodass auch das Weiße der Schale entfernt wird. Orangen würfeln und mit Möhren, Ahornsirup, Zitronensaft und Orangenabrieb in einem Mixer oder mit dem Stabmixer möglichst fein pürieren.

2. Das Ganze durch ein Sieb streichen und in spezielle Silikonformen (z.B. Flutschi) gießen. Formen verschließen und ca. 5 Stunden in das Gefrierfach stellen.

GEBACKENES
BANANENEIS

Für 6–8 Portionen

ZUTATEN

1 überreife Banane

Saft von 1 Limette

2 EL Vanillezucker

400 ml ungesüßte Kokosmilch

100 ml Bananensirup

150 g Schokobiskuit (Fertigprodukt)

etwas Mehl zum Wenden

2 Eier

ca. 750 ml Pflanzenöl

Für die Schokohülle:

100 g Mehl

2 EL Kakaopulver

100 g Speisestärke

150 ml Rum

ca. 150 ml Bier

➡ Zubereitung: ca. 1 Std.

✱ Gefrieren: ca. 4½ Std.

ZUBEREITUNG

1. Banane schälen, würfeln und mit Limettensaft, Vanillezucker, Kokosmilch und Bananensirup mit einem Stabmixer fein pürieren. Mischung in einer Eismaschine in ca. 30 Minuten gefrieren lassen.

2. Von der Eiscreme mit einem Portionierer sechs bis acht große Kugeln abnehmen und diese im Gefrierfach ca. 4 Stunden durchfrieren lassen.

3. In der Zwischenzeit Biskuit fein zermahlen. Für die Schoko-Rum-Hülle Mehl, Kakao und Stärke in eine Schüssel geben. Rum und Bier zugießen und alles miteinander verrühren. Durchgefrorene Eiskugeln in Mehl wenden, durch die verquirlten Eier ziehen und in den Biskuitbröseln panieren. In jede Kugel jeweils einen Holzspieß stecken.

4. Öl in einem kleinen Topf erhitzen. Panierte Kugeln durch den Teig ziehen und portionsweise im heißen Öl in ca. 2 Minuten knusprig ausbacken. Anschließend auf Küchenpapier abtropfen lassen.

TIPP

BESONDERS AROMATISCH SCHMECKEN DIE EISKUGELN, WENN MAN SIE MIT CURRY-BANANEN-AROMAZUCKER (SIEHE SEITE 151) BESTREUT.

EIS-PARFAIT

& -KONFEKT

Eisparfait, Semifreddo und Halbgefrorenes bezeichnen ein und dasselbe: Beliebte Eisspezialitäten, die von einem Hauch Eleganz umweht werden. Sie sind die Krönung eines jeden Menüs. Langsam taucht man den kleinen Silberlöffel in das zarte Etwas, lässt es auf der Zunge zergehen und genießt den himmlischen Geschmack ... Eiskonfekt kennt man noch aus dem dunklen Kinosaal mit plüschiger Atmosphäre; wir haben das süße Fingerfood mit Kokos und Karamell aufgepeppt.

BASILIKUM-QUARK-PARFAIT

MIT BALSAMICOERDBEEREN

Für 4–6 Portionen

ZUTATEN

1 Bund Basilikum

250 g Sahnequark

Saft und Abrieb von
2 Bio-Limetten

2 Eiweiß

75 g Zucker

Für die Balsamico-
erdbeeren:

100 ml Aceto Balsamico

150 ml Rotwein

50 g Zucker

500 g reife Erdbeeren

➡ Zubereitung: ca. 45 Min.

✳ Gefrieren: ca. 4 Std.

ZUBEREITUNG

1. Basilikum abbrausen, trocken schütteln und die Blättchen abzupfen. Einige Blättchen zum Garnieren beiseitelegen, den Rest mit Quark, Limettensaft und -abrieb mit dem Stabmixer möglichst fein pürieren. In eine Schüssel umfüllen.

2. Eiweiße zu steifem Schnee schlagen. Dabei nach und nach den Zucker einrieseln lassen. Eischnee behutsam unter den Basilikumquark heben.

3. Parfaitmasse ca. 2 cm hoch in eine mit Folie ausgelegte, längliche Form einfüllen und ca. 4 Stunden in das Gefrierfach stellen.

4. In der Zwischenzeit Aceto Balsamico mit Rotwein und Zucker auf ca. 100 Milliliter einkochen, dann kalt werden lassen. Währenddessen die Erdbeeren waschen, entkelchen und je nach Größe halbieren oder vierteln. Erdbeeren mit der Balsamicosoße vermischen.

5. Parfait aus der Form stürzen, Folie entfernen. Balsamicoerdbeeren darauf verteilen und mit Basilikumblättchen garniert servieren.

GRAND-MARNIER-
PARFAIT

Für 4 Portionen

ZUTATEN

200 ml Sahne

1 Ei

2 Eigelb

50 g Puderzucker

ca. 75 ml Grand Marnier

150 g orangefarbene
Kuvertüre mit Orangen-
geschmack (online
erhältlich)

Für die Garnitur:

Gewürzorangen
(siehe Seite 148)

Minzeblättchen

Außerdem:

4 Bögen Alufolie
(ca. 30 x 30 cm)

1 Orange

➡ Zubereitung: 40 Min.

✻ Gefrieren: ca. 5 Std.

ZUBEREITUNG

1. Alufolienbögen zu ca. 12 x 12 cm großen Stücken falten. Jeweils ein Stück fest auf eine Orange drücken und anschließend wieder lösen. Auf diese Weise vier halbrunde Aluschalen herstellen.

2. Sahne steif schlagen. Ei, Eigelbe und Puderzucker in eine Schüssel geben und mit den Rührbesen des Handrührgeräts in ca. 5 Minuten schaumig-steif schlagen. 3 Esslöffel des Grand Marniers zufügen, behutsam die Sahne unterheben. Masse in die Aluschalen füllen und ca. 5 Stunden in das Gefrierfach stellen.

3. Für den Überzug Kuvertüre in einer kleinen Schüssel über dem heißen Wasserbad schmelzen und kurz abkühlen lassen. Von den gefrorenen Parfaits die Aluschale entfernen. Jeweils in die flache Seite einen Holzspieß stecken. Dann die halbrunde Seite in die Kuvertüre tauchen, etwas abtropfen lassen und die Parfaits nebeneinander auf ein mit Backpapier ausgelegtes Blech setzen. Spieße entfernen und die Kuvertüre fest werden lassen.

4. Jeweils ein Grand-Marnier-Parfait auf einen Teller setzen. Darauf einige Gewürzorangen verteilen, restlichen Grand Marnier darüberträufeln und mit Minze dekorieren.

EISKONFEKT
MIT KARAMELLCREME

Für ca. 25 Stück

ZUTATEN

250 ml Sahne

150 g Zucker

1 Ei

2 Eigelb

2–3 EL zimmerwarme
Nuss-Nougat-Creme

100 g Zartbitterschokolade

ca. 1–2 EL Fleur de Sel

Außerdem:

Crushed Ice zum Servieren

➡ Zubereitung: ca. 45 Min.

● Abkühlen: ca. 8 Std.

✱ Gefrieren: 4 Std.

ZUBEREITUNG

1. 100 Milliliter Sahne erhitzen. 100 Gramm Zucker in einem Topf goldbraun karamellisieren. Topf vom Herd nehmen, nach und nach die heiße Sahne zum Karamell gießen und so lange rühren, bis sich dieser vollständig aufgelöst hat. Karamellsahne in eine Schüssel umfüllen und zugedeckt ca. 8 Stunden, am besten über Nacht, im Kühlschrank auskühlen lassen.

2. Restliche Sahne steif schlagen. Ei mit Eigelben und restlichem Zucker in ca. 5 Minuten mit den Rührbesen des Handrührgeräts schaumig schlagen. Dann zuerst die Nuss-Nougat-Creme, danach die Sahne unterheben. Masse in 25 halbrunde Förmchen (Ø ca. 2,5 cm) füllen und 2 Stunden in das Gefrierfach stellen.

3. Schokolade klein hacken und in einer Schüssel über einem heißen Wasserbad schmelzen. Die gefrorenen Konfekte aus den Förmchen drücken, jeweils auf einen kleinen Spieß stecken und mit der halbrunden Seite in die flüssige Schokolade tauchen. Konfekte auf Backpapier setzen.

4. Karamellsahne mit den Rührbesen des Handrührgeräts cremig-steif schlagen und in einen Spritzbeutel mit kleiner Lochtülle umfüllen. Creme auf die gefrorenen Konfekte spritzen und weitere 2 Stunden in das Gefrierfach stellen. Die gefrorenen Konfekte auf zerstoßenes Eis setzen, mit etwas Fleur de Sel bestreuen und servieren.

MOHNEIS-SOUFFLÉ
MIT CASSISFEIGEN

Für 4 Portionen

ZUTATEN

50 g fein gemahlener Mohn

350 ml Sahne

100 g Zucker

3 Eier

1 Pck. Vanillezucker

Für die Cassisfeigen:

200 ml Cassissaft

50 g brauner Zucker

Saft von ½ Zitrone

2–3 EL Cassislikör

2 TL Speisestärke, mit etwas kaltem Wasser angerührt

8–10 reife Feigen

Außerdem:

2 TL Zimt und 2 EL Zucker zum Bestreuen

➡ Zubereitung: ca. 45 Min.

✳ Gefrieren: ca. 4 Std.

ZUBEREITUNG

1. Mohn mit Sahne und der Hälfte des Zuckers in einem Topf aufkochen. Topf vom Herd nehmen. Eier trennen. Eigelbe mit Vanillezucker nach und nach in die heiße Mohnsahne einrühren. Topf zurück auf den Herd stellen und die Masse unter Rühren so lange erhitzen, bis sie dickflüssig ist. Abgedeckt im Kühlschrank auskühlen lassen.

2. In der Zwischenzeit vier Soufflé-Förmchen (alternativ Kaffee- oder Teetassen) mit Backpapierstreifen umwickeln, sodass sie den Rand um ca. 3 cm überragen. Papier dabei mit Klebestreifen an den Förmchen befestigen.

3. Die Mohnmasse aus dem Kühlschrank nehmen und mit den Rührbesen des Handrührgeräts in ca. 5 Minuten aufschlagen, bis sie schön cremig ist. Eiweiße zu steifem Schnee schlagen. Dabei nach und nach restlichen Zucker einrieseln lassen. Eischnee behutsam unter die Mohncreme heben, Masse bis zum Backpapierrand in die Förmchen füllen und ca. 4 Stunden in das Gefrierfach stellen.

4. Cassissaft mit braunem Zucker einkochen lassen, mit Zitronensaft und Cassislikör abschmecken und mit angerührter Speisestärke leicht binden. Feigen schälen, halbieren und in den heißen Sud legen. Abkühlen lassen.

5. Eissoufflés aus dem Gefrierfach nehmen, ca. 8 Minuten antauen lassen. Zimt mit dem restlichen Zucker vermischen und über die Soufflés streuen. Mit Cassisfeigen servieren.

75

VANILLEPARFAIT

MIT HIMBEERKNUSPER

Für 6–8 Portionen

1 Kastenform, ca. 1,5 l Inhalt

ZUTATEN

3 Eier

2 Eigelb

125 g Zucker

400 ml Sahne

500 g TK-Himbeeren

Mark von 2 Vanilleschoten

Außerdem:

Gewürzstreusel (siehe
Seite 162) zum Bestreuen

➡ Zubereitung: ca. 30 Min.

✳ Gefrieren: 6–8 Std.

ZUBEREITUNG

1. Eier mit Eigelben und Zucker in einer Schüssel über einem leicht köchelnden Wasserbad in ca. 5 Minuten warm-schaumig aufschlagen. Schüssel vom Herd nehmen. Eierschaum mit den Rührbesen des Handrührgeräts zu einer dicken, kalten Creme schlagen.

2. Sahne steif schlagen. TK-Himbeeren in einen Gefrierbeutel geben und mit einem kleinen Topf zerkrümeln. Vanillemark unter die kalte Eiercreme rühren, dann zunächst die steif geschlagene Sahne und danach die zerkrümelten Himbeeren unterheben.

3. Masse in eine mit Folie ausgekleidete Form füllen und 6–8 Stunden in das Gefrierfach stellen. Die Form bis zum Rand kurz in heißes Wasser tauchen, dann das Parfait auf ein Gitter oder eine Servierplatte stürzen. Folie entfernen und das Parfait mit Gewürzstreuseln bestreuen.

KOKOS-EISKONFEKT

Für ca. 12 Stück

ZUTATEN

Saft von 1 Limette

500 ml ungesüßte Kokosmilch

125 g Puderzucker

100 ml Kokoslikör

150 g Zartbitterschokolade

50 g Kokosfett

Außerdem:

ca. 75 g Kokosraspel zum Bestreuen

➡ Zubereitung: ca. 40 Min.

✱ Gefrieren: ca. 3½ Std.

ZUBEREITUNG

1. Limettensaft mit Kokosmilch, Puderzucker und Kokoslikör gründlich verrühren, Mischung in einer Eismaschine in ca. 30 Minuten gefrieren lassen.

2. Eine Form (ca. 15 x 20 cm) mit Folie oder Backpapier auskleiden, Eiscreme hineinfüllen und glatt streichen. In das Gefrierfach stellen und das Kokoseis darin ca. 3 Stunden durchfrieren lassen.

3. In der Zwischenzeit die Schokolade klein hacken und mit Kokosfett in einer Schüssel über einem heißen Wasserbad schmelzen. Kurz abkühlen lassen.

4. Kokoseis aus der Form nehmen und in ca. 4 x 4 cm große Quadrate schneiden. Diese jeweils einzeln mithilfe von zwei Gabeln in die flüssige Schokolade tauchen. Dann zügig herausnehmen, auf Backpapier setzen und sofort mit Kokosraspeln bestreuen. Schokolade fest werden lassen. Konfekt bis zum Verzehr im Gefrierfach aufbewahren.

KÜRBISKERNPARFAIT

MIT HOLUNDERBEERENKOMPOTT

Für 6–8 Portionen

1 Kastenform, ca. 1 l Inhalt

ZUTATEN

150 g Kürbiskerne

100 g Zucker

4 Eigelb

50 g Puderzucker

4 EL Kürbiskernöl

400 ml Sahne

Für das Kompott:

400 g Holunderbeeren

2 EL Honig

100 ml Holundersaft

Mark von 1 Vanilleschote

1 Zimtstange

2 TL Speisestärke, mit kaltem Wasser angerührt

➡ Zubereitung: ca. 45 Min.

✳ Gefrieren: ca. 6 Std.

ZUBEREITUNG

1. Kürbiskerne in einer heißen Pfanne unter Wenden rösten. Dann den Zucker zufügen und die Kerne karamellisieren. Mischung auf einen Bogen Backpapier geben und auskühlen lassen. Erkalteten Kürbiskernkrokant zuerst in Stücke brechen, dann in einer Küchenmaschine fein zerhacken oder alternativ im Mörser zerstoßen.

2. Eigelbe mit 2 Esslöffeln Wasser und Puderzucker in einer Schüssel über einem leise kochenden Wasserbad schaumig-steif schlagen. Anschließend vom Wasserbad nehmen und kalt schlagen. Danach Kürbiskernkrokant und -öl untermischen. Sahne steif schlagen und behutsam unterheben. Parfaitmasse in eine mit Folie ausgelegte Form füllen und ca. 6 Stunden in das Gefrierfach stellen.

3. In der Zwischenzeit Holunderbeeren waschen und mit einer Gabel von den Rispen streifen. Honig in einer Pfanne schmelzen, Holunderbeeren zugeben, mit Holundersaft, Vanillemark und Zimtstange aufkochen. 1 Minute köcheln lassen, mit etwas angerührter Speisestärke binden. Kompott abkühlen lassen und die Zimtstange entfernen.

4. Das gefrorene Parfait in 2–3 cm dicke Scheiben schneiden. Dazu das Kompott servieren.

HIMBEER-ROSEN-
PARFAIT

Für 6–8 Portionen

ZUTATEN

500 g frische Himbeeren

120 g Zucker

ca. 3–4 EL getrocknete Rosenblütenblätter

250 g griechischer Joghurt

2 Eiweiß

1 Prise Salz

Für die Garnitur:

frische Himbeeren, Minze-blättchen und Eiswaffel-stückchen (siehe Seite 15) nach Belieben

Puderzucker zum Bestäuben

➡ Zubereitung: ca. 20 Min.

✚ Ziehen: 15 Min.

✳ Gefrieren: 3 Std.

ZUBEREITUNG

1. Himbeeren mit Zucker fein pürieren, mit zerbröselten Rosenblüten in einen kleinen Topf geben und kurz aufkochen lassen. Anschließend den Topf vom Herd nehmen und die Masse 15 Minuten ziehen lassen. Das Himbeer-Rosen-Püree durch ein feines Sieb streichen und mit Joghurt verrühren.

2. Eiweiße mit Salz zu steifem Schnee schlagen und unter die Himbeer-Joghurt-Mischung heben. Parfait bis zum Rand in sechs bis acht kleine Porzellanförmchen (z.B. in Herzform) füllen und 3 Stunden in das Gefrierfach stellen. Die gefrorenen Parfaits aus dem Gefrierfach nehmen und nach Belieben mit frischen Himbeeren, Minze und Waffel-stückchen garnieren und mit etwas Puderzucker bestäubt servieren.

EISTORTEN

& Spielereien

Kreative Kreationen machen Spaß und sorgen für
Ahhs und *Ohhs*, wenn Besuch im Haus ist. Viele Torten
und Kuchen und allerlei Gebäck lassen sich in äußerst
leckere, anlassbezogene Eisvarianten umwandeln.
So entstehen Eis-Donuts für die Gartenparty, Frozen
Cupcakes für den Kaffeeklatsch und sogar ein geeister
Christstollen für die Weihnachtstage.

KONFETTI-EISTORTE

Für 6–8 Portionen

1 Torte, Ø 16 cm

ZUTATEN

1 kleine, möglichst
reife Mango

100 g Puderzucker

200 g aufgetaute
TK-Himbeeren

1 Biskuitboden
(Fertigprodukt)

400 ml Sahne

2 Eier

4 Eigelb

100 g Zucker

Mark von 2 Vanilleschoten

➡ Zubereitung: ca. 45 Min.

✳ Gefrieren: 6–7 Std.

ZUBEREITUNG

1. Mango schälen, das Fruchtfleisch am Stein entlang herunterschneiden und mit der Hälfte des Puderzuckers fein pürieren. Himbeeren mit dem restlichen Puderzucker fein pürieren. Beide Fruchtpürees jeweils in eine flache Schüssel füllen und mit einer halbrunden Metallschale (Ø ca. 16 cm) ca. 2 Stunden in das Gefrierfach stellen. Die beiden Fruchtpürees gelegentlich mit einem Schneebesen umrühren. Am Ende sollten sie eine cremige, sorbetartige Konsistenz haben.

2. Himbeer- und Mangosorbet aus dem Gefrierfach nehmen, jeweils in einen Spritzbeutel mit mittlerer Lochtülle füllen und als unterschiedlich große Tupfen in die Innenseite der gut gekühlten halbrunden Schale spritzen. Schale zurück in das Gefrierfach stellen.

3. Biskuitboden so zurechtschneiden, dass er den Durchmesser der Schale hat. Sahne steif schlagen. Eier, Eigelbe und Zucker in eine Schüssel geben und mit den Rührbesen des Handrührgeräts in ca. 5 Minuten schaumig-steif schlagen. Vanillemark unterrühren, die geschlagene Sahne behutsam unterheben. Masse bis zum Rand in die Schale füllen, Biskuitboden daraufdrücken und 4–5 Stunden in das Gefrierfach stellen.

4. Schale bis zum Rand kurz in heißes Wasser tauchen, Eistorte vorsichtig herausdrücken und auf eine Servierplatte oder einen Tortenständer setzen. Vor dem Servieren ca. 10 Minuten antauen lassen.

EIS-DONUTS

Für ca. 8 Stück

ZUTATEN

2 Eier

2 Eigelb

50 g Honig

200 ml Sahne

2–3 EL Grand Marnier

ca. 150 g bunte Zuckerperlen

150 g Zartbitterschokolade

100 g Vollmilchschokolade

100 g Kokosfett

➡ Zubereitung: ca. 30 Min.

✳ Gefrieren: ca. 4½ Std.

ZUBEREITUNG

1. Eier, Eigelbe und Honig in eine Schüssel geben, verrühren und über einem leicht köchelnden Wasserbad in ca. 5 Minuten warm-schaumig aufschlagen. Schüssel vom Wasserbad nehmen und die Masse mit den Rührbesen des Handrührgeräts in ca. 5 Minuten dick und schaumig aufschlagen.

2. Sahne steif schlagen und mit dem Grand Marnier behutsam unter den kalten Eierschaum heben. 16 Savarinförmchen bis zum Rand befüllen, Masse glatt streichen und mindestens 4 Stunden in das Gefrierfach stellen.

3. Die Förmchen kurz bis zum Rand in heißes Wasser tauchen und das gefrorene Parfait mit einem kleinen Messer herauslösen. Jeweils zwei Savarin an der flachen Seite zu einem Donut zusammendrücken, Eis-Donuts wieder mindestens 30 Minuten zurück in das Gefrierfach legen.

4. Zuckerperlen auf einen flachen Teller streuen. Kuvertüre klein hacken und mit Kokosfett in einem kleinen Topf bei geringer Hitze unter gelegentlichem Rühren schmelzen. Eis-Donuts mit zwei Gabeln kurz in die flüssige, aber nicht zu warme Glasur tauchen, herausheben, abtropfen lassen und dann direkt mit einer Seite in die Zuckerperlen legen. Glasur fest werden lassen, die Donuts dann auf ein mit Backpapier ausgelegtes, kleines Blech setzen und bis zum Servieren im Gefrierfach aufbewahren.

MINT-SANDWICH

Für ca. 15 Stück

ZUTATEN

200 ml Milch

250 ml Sahne

100 ml grüner Pfefferminzsirup

75 g Zartbitterschokolade

2 EL Sonnenblumenöl

2 große rechteckige
Waffelblätter (Fertigprodukt)

➡ Zubereitung: ca. 25 Min.

✳ Gefrieren: ca. 2½ Std.

ZUBEREITUNG

1. Mich mit Sahne und Pfefferminzsirup verrühren und
in einer Eismaschine in ca. 30 Minuten gefrieren lassen.

2. In der Zwischenzeit Schokolade klein hacken und
mit Öl in einer Schüssel über einem heißen Wasserbad
schmelzen. Waffelblätter auf eine Größe von ca. 15 x 25 cm
zurechtschneiden und beidseitig mit flüssiger Schokolade
einpinseln. Fest werden lassen.

3. Eiscreme auf eine der beiden Waffeln streichen.
Zweite Waffel darauflegen und andrücken. 2 Stunden in
das Gefrierfach legen. Anschließend mit einem Sägemesser
in ca. 5 x 5 cm große Quadrate schneiden und genießen.

TIRAMISU-
EISTORTE

Für ca. 8 Portionen

1 quadratische Torte, 16 x 16 cm

ZUTATEN

5 Eier

175 g Zucker

80 g Mehl

20 g Speisestärke

Mark von 1 Vanilleschote

250 g zimmerwarmer Mascarpone

1 Prise Salz

75 ml frisch zubereiteter, kräftiger Espresso (abgekühlt)

75 ml Amaretto

Außerdem:

ca. 2 EL Kakaopulver zum Bestäuben

➡ Zubereitung: ca. 45 Min.

▢ Backen: ca. 20 Min.

✳ Gefrieren: 3 Std.

ZUBEREITUNG

1. Den Backofen auf 180 °C vorheizen. Eine Backform mit Backpapier auslegen. 3 Eier mit 75 Gramm Zucker in einer Schüssel ca. 5 Minuten mit den Rührbesen des Handrührgeräts schaumig schlagen. Mehl mit Stärke mischen, zum Eierschaum sieben und unterheben. Teig in die Form füllen und ca. 20 Minuten backen. Biskuit auf ein Kuchengitter stürzen, abkühlen lassen und horizontal halbieren.

2. Die restlichen Eier trennen. Eigelbe mit 50 Gramm Zucker in einer Schüssel verrühren. Über einem heißen Wasserbad in ca. 5 Minuten dick-cremig aufschlagen. Schüssel vom Wasserbad nehmen, Vanillemark und Mascarpone unterrühren. Eiweiße mit Salz steif schlagen, den restlichen Zucker dabei einrieseln lassen. Eischnee unter die Mascarponecreme heben und in einen Spritzbeutel mit großer Lochtülle umfüllen. Espresso mit Amaretto mischen und gleichmäßig auf den beiden Biskuithälften verteilen.

3. Auf einen Biskuitboden die Hälfte der Mascarponecreme streichen. Den zweiten Biskuitboden darauflegen und leicht andrücken. Die restliche Creme in gleich großen Tupfen daraufspritzen. Torte 3 Stunden in das Gefrierfach stellen. Kurz vor dem Servieren mit Kakao bestäuben.

FROZEN CHEESECAKE
MIT PASSIONSFRUCHT

Für 8–12 Portionen

1 Kuchen, Ø 24 cm

ZUTATEN

50 g Vollmilchschokolade

50 g Butter

250 g Haferkekse

350 g Doppelrahm-
frischkäse

4 EL Kokoslikör

50 g Kokospulver
(im Asialaden erhältlich)

120 g Zucker

3 Eiweiß

2 Passionsfrüchte

150 ml Maracujasaft

1–2 TL Speisestärke, mit
kaltem Wasser angerührt

ca. 75 g Kokosraspel

➡ Zubereitung: ca. 45 Min.

✳ Gefrieren: ca. 3 Std.

ZUBEREITUNG

1. Schokolade hacken. Butter mit der Schokolade in einem Topf bei geringer Hitze schmelzen, Kekse zerkrümeln und untermischen. Den Boden einer Springform mit Backpapier auslegen, darauf gleichmäßig die Keksmischung verteilen und mit dem Löffelrücken andrücken.

2. Frischkäse mit Kokoslikör, -pulver und der Hälfte des Zuckers glatt rühren. Eiweiße zu steifem Schnee schlagen, dabei nach und nach den restlichen Zucker einrieseln lassen. Eischnee behutsam unter die Frischkäse-Kokos-Mischung heben. Mousse auf dem Boden verteilen, glatt streichen und die Form 1 Stunde in das Gefrierfach stellen.

3. In der Zwischenzeit Passionsfrüchte halbieren. Fruchtfleisch mit einem Löffel herauskratzen und mit dem Maracujasaft 2–3 Minuten kochen lassen. Dann mit etwas angerührter Stärke leicht binden. Mischung abkühlen lassen, auf die Frischkäse-Kokos-Mousse gießen, gleichmäßig verteilen und den Kuchen nochmals ca. 2 Stunden im Gefrierfach durchkühlen.

4. Kokosraspel in einer Pfanne goldbraun rösten, abkühlen lassen. Cheesecake aus der Form lösen und auf eine Tortenplatte setzen. Kokosraspel an den Rand drücken.

GEEISTE
ZITRONENTARTE

Für ca. 12 Portionen

1 Tarte, Ø 22–24 cm

ZUTATEN

150 g kalte Butter

300 g Mehl

75 g Puderzucker

1 Eigelb

2 EL kaltes Wasser

100 ml Sahne, 3 Eier

Saft und Abrieb von
4 Bio-Zitronen

200 g Zucker

125 g Ricotta

1 Prise Salz

Außerdem:

Mehl zum Verarbeiten

Butter für die Form

Hülsenfrüchte

➡ Zubereitung: ca. 1 Std.

〴 Ruhen: ca. 1 Std.

▥ Backen: ca. 22 Min.

✳ Gefrieren: 4 Std.

ZUBEREITUNG

1. Butter würfeln. Mehl mit Puderzucker in eine Schüssel sieben. Butter, Eigelb und Wasser zugeben und alles zu einem glatten Teig verkneten. Teig in Folie wickeln und ca. Stunde in den Kühlschrank legen.

2. Den Backofen auf 200 °C vorheizen. Teig auf einer bemehlten Arbeitsfläche ca. 3 mm dünn ausrollen und in die gebutterte Form legen. Teig mehrmals mit einer Gabel einstechen und rundum an den Rand drücken. Überstehenden Teig wegschneiden. Backpapier auf den Teig legen und mit getrockneten Hülsenfrüchten auffüllen. Teig 12 Minuten blindbacken. Anschließend Hülsenfrüchte und Backpapier entfernen und Teig nochmals 10 Minuten backen, bis er goldbraun ist. Vollständig auskühlen lassen.

3. Währenddessen Sahne steif schlagen. Eier trennen. Eigelbe mit Zitronensaft und der Hälfte des Zuckers in eine Schüssel geben und über einem leicht köchelnden Wasserbad in ca. 5 Minuten dick-schaumig aufschlagen. Schüssel vom Wasserbad nehmen, Ricotta, Zitronenabrieb und geschlagene Sahne unterheben. Masse auf den vorgebackenen Boden streichen und 4 Stunden in das Gefrierfach stellen.

4. Eiweiße mit Salz zu steifem Schnee schlagen. Dabei den restlichen Zucker einrieseln lassen. Tarte auf eine Servierplatte setzen. Eischnee mit einem Löffel darauf verteilen und mit einem Bunsenbrenner goldbraun abflämmen.

FROZEN CUPCAKES

Für 6 Stück

ZUTATEN

1 Ei

2 Eigelb

75 g Zucker

250 ml Sahne

2–3 EL Kakaopulver

4–5 EL Kirschgeist

100 g Zartbitterschokolade

ca. 500 g Vanilleeis
(selbst gemacht siehe
Seite 19)

ca. 150 g Portwein-Pfeffer-
Kirschen (siehe Seite 138)

Außerdem:

ca. 100 g Zartbitterkuvertüre
zum Garnieren

➡ Zubereitung: ca. 45 Min.

❄ Gefrieren: ca. 6½ Std.

ZUBEREITUNG

1. Ei, Eigelbe und Zucker mit den Rührbesen des Hand-rührgeräts in ca. 5 Minuten aufschlagen, bis die Konsistenz dick-schaumig ist. Sahne steif schlagen und mit Kakao und 2 Esslöffeln Kirschgeist behutsam unter den Eierschaum heben. Masse in ca. sechs Silikon-Muffinformen füllen und mindestens 6 Stunden in das Gefrierfach stellen.

2. Schokolade hacken und in einer kleinen Schüssel über einem heißen Wasserbad schmelzen und kurz abkühlen lassen. Gefrorene Schokomuffins aus den Formen drücken und ca. 1 cm tief in die flüssige Schokolade tauchen. Dann wieder ca. 30 Minuten zurück in das Gefrierfach stellen.

3. Vanilleeis mit restlichem Kirschgeist glatt rühren und mit einem Löffel auf den gefrorenen Cupcakes verteilen. Mit den eingelegten Portwein-Pfeffer-Kirschen garnieren. Abschließend die Kuvertüre mit einem Sparschäler in dünne Späne hobeln und diese auf die Cupcakes streuen.

TIPP

STATT DER PORTWEIN-PFEFFER-KIRSCHEN KÖNNEN SIE AUCH SAUERKIRSCHEN AUS DEM GLAS VERWENDEN. KIRSCHEN DANN ABSCHÜTTEN, DEN AUFGEFANGENEN SAFT AUFKOCHEN UND MIT 1 TEELÖFFEL SPEISESTÄRKE (VORHER MIT ETWAS WASSER ANGERÜHRT) LEICHT BINDEN. KIRSCHEN UNTERMISCHEN UND ABKÜHLEN LASSEN.

GEEISTER
MARMORGUGELHUPF

Für 6–8 Portionen

1 Gugelhupf, Ø ca. 18 cm

ZUTATEN

400 ml Sahne

2 Eier

4 Eigelb

100 g Puderzucker

Mark von 1 Vanilleschote

3 EL Kakaopulver

100 g Zartbitterschokolade

2–3 EL Sonnenblumen-
oder Haselnussöl

➡ Zubereitung: ca. 40 Min.

✳ Gefrieren: 6 Std.

ZUBEREITUNG

1. Sahne steif schlagen. Eier, Eigelbe und Puderzucker mit den Rührbesen des Handrührgeräts in einer Schüssel in ca. 5 Minuten schaumig-steif schlagen. Vanillemark unterrühren, danach die geschlagene Sahne behutsam unterheben.

2. Die Hälfte der Parfaitmasse in eine zweite Schüssel geben, Kakao sieben und untermischen. Beide Parfaitmassen abwechselnd in eine Gugelhupfform füllen. Zum Schluss mit einem Kochlöffelstiel einmal durch beide Mischungen fahren, sodass eine schöne Marmorierung entsteht. Form 6 Stunden in das Gefrierfach stellen.

3. In der Zwischenzeit Schokolade klein hacken, mit Öl in einer Schüssel über einem heißen Wasserbad schmelzen und kurz abkühlen lassen. Form bis zum Rand kurz in heißes Wasser tauchen. Geeisten Gugelhupf auf ein Gitter stürzen. Flüssige Schokolade zügig darübergießen und fest werden lassen.

SPAGHETTI-
EISTÖRTCHEN

Für 8 Stück

ZUTATEN

100 g kalte Butter

200 g Mehl

100 g Puderzucker

1 Eigelb

ca. 100 g Biskuitboden

250 g reife Erdbeeren

2 Stängel Basilikum

ca. 80 g weiße Kuvertüre

3–4 EL Orangenlikör

ca. 750 g Vanilleeis
(selbst gemacht siehe
Seite 21)

Außerdem:

Mehl zum Verarbeiten

Butter für die Form

➡ Zubereitung: ca. 1 Std.

♨ Ruhen: ca. 1 Std.

🗓 Backen: 12–14 Min.

✳ Gefrieren: 15 Min.

ZUBEREITUNG

1. Butter würfeln. Mehl mit der Hälfte des Puderzuckers, Butter und Eigelb zu einem glatten Teig verkneten. Teig in Folie gewickelt ca. 1 Stunde in den Kühlschrank legen.

2. In der Zwischenzeit Biskuit würfeln. Erdbeeren waschen, entkelchen und mit dem restlichen Puderzucker fein pürieren. Basilikum abbrausen und trocken schütteln. Blättchen abzupfen und klein schneiden. Kuvertüre fein raspeln.

3. Den Backofen auf 200 °C vorheizen. Teig auf einer mit Mehl bestäubten Arbeitsfläche ca. 3 mm dünn ausrollen und acht Kreise (Ø 12 cm) ausstechen. Kreise in gebutterte und mit Mehl bestäubte Tartelette-Formen legen, an den Rand drücken und mehrmals mit einer Gabel einstechen. Tartelettes in 12–14 Minuten goldbraun backen. Anschließend auskühlen lassen. Biskuitwürfel auf den gebackenen Teigböden verteilen und mit etwas Orangenlikör beträufeln.

4. Die Hälfte der Vanilleeiscreme auf den Biskuitwürfeln verteilen, Tartelettes nochmal 15 Minuten in das Gefrierfach stellen. Die restliche Eiscreme in einen Spritzbeutel mit kleiner Lochtülle füllen und als »Spaghetti« zügig daraufspritzen.

5. Spaghetti-Eistörtchen mit Erdbeersoße beträufeln, mit Basilikum und geraspelter weißer Schokolade bestreuen und servieren.

APFELSTRUDEL-
EISRIEGEL

Für 6 Stück

ZUTATEN

100 ml Calvados

ca. 100 g Zucker

50 g Rosinen

100 g Butter

6 Strudelteig- bzw.
Filoteigblätter (Kühlregal,
ca. 40 x 30 cm)

100 g Mandelblättchen

3 kleine fein säuerliche
Äpfel (z.B. Elstar)

50 g brauner Zucker

ca. 500 g Vanilleeis
(selbst gemacht
siehe Seite 21)

➡ Zubereitung: ca. 45 Min.

▥ Backen: 12–14 Min.

✱ Gefrieren: 1 Std.

ZUBEREITUNG

1. Calvados mit 2 Esslöffeln Zucker erhitzen, Rosinen darin über Nacht einweichen.

2. Den Backofen auf 200 °C vorheizen. Zwei Drittel der Butter schmelzen. Teigblätter damit einpinseln, dann die Teigblätter gleichmäßig mit dem restlichen Zucker bestreuen und aufeinanderlegen. Das Ganze auf ein mit Backpapier ausgelegtes Backblech geben und in 12–14 Minuten goldbraun und knusprig backen. Dann die Teigplatte so halbieren, dass ca. 15 x 20 cm große Hälften entstehen.

3. Mandelblättchen in einer Pfanne goldbraun rösten, abkühlen lassen. Äpfel schälen, entkernen und klein würfeln. Würfel in einer Pfanne unter regelmäßigem Wenden mit der restlichen Butter und braunem Zucker in ca. 5 Minuten weich dünsten. Anschließend abkühlen lassen.

4. Gedünstete Apfelwürfel mit gerösteten Mandelblättchen und eingeweichten Rosinen in eine Schüssel geben, Vanilleeis zufügen und alles miteinander vermischen.

5. Eine der beiden Teigplatten auf ein Schneidebrett legen. Eiscrememischung zügig darauf verteilen und glatt streichen. Die zweite Teigplatte darauflegen und leicht andrücken. 1 Stunde in das Gefrierfach stellen und durchfrieren lassen. Anschließend mit einem Sägemesser behutsam in ca. 2 cm breite Streifen schneiden.

GEEISTER
CHRISTSTOLLEN

Für 8–10 Portionen

ZUTATEN

2–3 EL Amaretto

2–3 EL Rum

50 g Orangeat

50 g Zitronat

50 g Rosinen

150 g Vollmilchkuvertüre

je ½ Bio-Zitrone, -Orange

400 ml Sahne

50 g Mandelblättchen

2 Eier, 4 Eigelb

1 TL Lebkuchengewürz

100 g Zucker

2 EL Vanillezucker

50 g Pistazienkerne

2–3 EL Sonnenblumenöl
plus etwas für die Form

Puderzucker

➡ Zubereitung: ca. 45 Min.

✚ Ziehen: 1 Nacht

✳ Gefrieren: ca. 6 Std.

ZUBEREITUNG

1. Am Vortag Amaretto und Rum in einem kleinen Topf erhitzen, Orangeat, Zitronat und Rosinen untermischen und über Nacht darin einweichen.

2. Am nächsten Tag Kuvertüre fein hacken und Zitronen- und Orangenschale fein abreiben. Sahne steif schlagen. Mandeln in einer Pfanne goldbraun rösten, dann abkühlen lassen. Eier, Eigelbe, Lebkuchengewürz, Zucker und Vanillezucker in eine große Schüssel geben und mit den Rührbesen des Handrührgeräts in ca. 5 Minuten schaumig-steif schlagen. Zitronen- und Orangenabrieb zufügen. Ein Drittel der gehackten Kuvertüre mit Pistazien und Mandelblättchen zugeben. Zuletzt die steif geschlagene Sahne und die Orangeat-Zitronat-Rosinen-Mischung unterheben.

3. Eine spezielle Stollenform (ca. 30 cm lang) leicht mit Öl einpinseln und mit Frischhaltefolie auslegen. Parfaitmasse hineinfüllen, Folie darüberschlagen und die Form ca. 6 Stunden in das Gefrierfach stellen.

4. Für die Glasur die restliche Kuvertüre mit dem Öl über einem nicht zu heißen Wasserbad schmelzen (sie soll nur gerade flüssig werden). Das Parfait mithilfe der Folie aus der Form auf ein Brett stürzen und die Oberfläche zügig mit der Glasur bestreichen. Den Stollen abschließend mit Puderzucker bestäuben und in Scheiben schneiden.

EISCOCKTAILS
& GRANITÉS

Denken Sie bei Eisdrinks in erster Linie auch an klassischen
Eiskaffee aus der Gelateria? Es gibt viel mehr als das!
In diesem Kapitel finden Sie eiskalte Cocktails wie Frozen
Wodka Lemon oder Whiskey Sour warm/kalt, besondere
Drinks und Shakes und leckere Granités. Granité ist eine
italienische sorbetähnliche Süßspeise, die ursprünglich
aus Sizilien stammen soll. Durch ihre leicht körnige
Konsistenz knirscht sie verheißungsvoll im Mund –
und bietet Erfrischung und Geschmack pur!

FROZEN WODKA LEMON

Für 6–8 kleine Gläser

ZUTATEN

Saft von 5 und Abrieb
von 2 Bio-Limetten
150 g Puderzucker
150 ml Wodka
ca. 400 g Crushed Ice

Außerdem:
6–8 Limettenspalten
zum Garnieren

➡ Zubereitung: ca. 10 Min.

ZUBEREITUNG

Limettensaft und -abrieb mit Puderzucker, Wodka und Crushed Ice in einen leistungsstarken Mixer (Blender) geben und auf höchster Stufe rasch zu einer sorbetartigen Masse mixen. In eisgekühlte Gläser füllen und mit je einer Limettenspalte garniert sofort servieren.

BLUE ICE

Für 4 Gläser

ZUTATEN

3 EL Zucker
200 ml Blue Curaçao
150 ml Grapefruitsaft
250 ml Martini
ca. 150 g Crushed Ice

➡ Zubereitung: ca. 10 Min.
✳ Gefrieren: ca. 6 Std.

ZUBEREITUNG

1. Zucker mit 75 Milliliter Wasser aufkochen, dann mit Blue Curaçao und Grapefruitsaft mischen. Flüssigkeit in Eiswürfelbehälter gießen und im Gefrierfach ca. 6 Stunden gefrieren lassen.

2. Die gefrorenen Würfel aus dem Behälter drücken, je 4–5 Stück in eisgekühlte Cocktailgläser füllen. Martini mit zerstoßenem Eis in einem Shaker schütteln und über die gefrorenen Würfel in die Gläser gießen.

HOLUNDERBLÜTEN-
GRANITÉ

Für 6 Portionen

ZUTATEN

ca. 50 g frische
Holunderblüten
175 g Puderzucker
Saft von 2 Zitronen

➡ Zubereitung: ca. 15 Min.
✚ Ziehen: ca. 1 Std.
✳ Gefrieren: 5–6 Std.

ZUBEREITUNG

1. Holunderblüten gründlich abbrausen, trocken schütteln und in eine große Schüssel geben. 200 Milliliter Wasser mit Puderzucker aufkochen, Sud über die Holunderblüten gießen, dann zugedeckt ca. 1 Stunde ziehen lassen.

2. Sud durch ein feines Tuch gießen. Sirup mit Zitronensaft verrühren und in einen flachen Behälter gießen. 5–6 Stunden in das Gefrierfach stellen. Dabei gelegentlich mit einer Gabel den gefrorenen Sud von Rand und Boden kratzen. Granité mit einem Löffel auf vorgekühlte Gläser verteilen und mit Fruchtkompott (verschiedene Rezepte siehe Seite 138ff.) servieren.

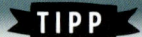

TIPP

BESONDERS GUT SCHMECKT HIERZU
HOLUNDERBEERENKOMPOTT (SIEHE SEITE 80).

PIÑA-COLADA-
GRANITÉ

Für 4–6 Gläser

ZUTATEN

1 reife Baby-Ananas

75 g brauner Zucker

3–4 EL weißer Rum

Saft von 2 Limetten

175 ml Sahne

75–100 ml Kokoslikör

➡ Zubereitung: ca. 25 Min.

✳ Gefrieren: ca. 4 Std.

ZUBEREITUNG

1. Ananas schälen, vierteln, Strunk entfernen. Anschließend würfeln, mit Zucker, Rum und Limettensaft in einen Mixer geben und fein pürieren.

2. Püree durch ein feines Sieb streichen, in einen flachen Behälter gießen und ca. 4 Stunden in das Gefrierfach stellen. Dabei gelegentlich mit einer Gabel den gefrorenen Saft von Rand und Boden der Form kratzen.

3. Sahne steif schlagen. Kokoslikör unterheben. Mischung in einen Spritzbeutel mit großer Sterntülle füllen. Ananas-Granité bis zur Hälfte in eisgekühlte Cocktailgläser füllen. Kokossahne daraufspritzen und nach Belieben mit Kokoschips (siehe Seite 150) garnieren.

WASSERMELONEN-
GRANITÉ

Für 8–10 Portionen

ZUTATEN

½ möglichst reife
Wassermelone
100 ml Wodka
150 g Puderzucker
Saft von 2 Limetten

➡ Zubereitung: 15 Min.
✱ Gefrieren: ca. 8 Std.

ZUBEREITUNG

1. Fruchtfleisch der Melone bis auf die Schale hinunter auskratzen, mit Wodka, Puderzucker und Limettensaft fein pürieren und durch ein Sieb streichen.

2. Frucht-Mix bis zum Rand in die ausgekratzte Melonen-hälfte füllen und das Ganze ca. 8 Stunden, am besten über Nacht, in das Gefrierfach stellen. Dabei darauf achten, dass die Melone aufrecht steht und die Füllung, solange sie noch nicht gefroren ist, nicht auslaufen kann.

3. Frucht-Mix mit einem Löffel oder einer Gabel nach und nach aus der Melone kratzen und in Portionsbecher verteilen.

TIPP

NACH BELIEBEN KANN MAN DAS GRANITÉ
MIT SCHOKO-KNALLBRAUSE BESTREUEN.

WHISKEY SOUR
WARM/KALT

Für 4 Gläser

ZUTATEN

75 g brauner Zucker
Saft von 2 Limetten
400 ml Maracujasaft
100 ml Whiskey
3 Eiweiß

➡ Zubereitung: ca. 15 Min.
✳ Gefrieren: ca. 4 Std.

ZUBEREITUNG

1. Zucker im Limettensaft erwärmen, bis er sich vollständig aufgelöst hat. Maracujasaft und Whiskey unterrühren. Anschließend die Flüssigkeit in zwei gleich große Mengen aufteilen.

2. Die eine Hälfte (ca. 300 Milliliter) in eine flache Schale gießen und ca. 4 Stunden in das Gefrierfach stellen. Die andere Hälfte mit den Eiweißen verrühren und bis zur Verwendung in den Kühlschrank stellen.

3. Gefrorenen Whiskey Sour aus dem Gefrierfach nehmen und mit einer Gabel auflockern. Eisgekühlte Cocktailgläser damit zur Hälfte befüllen. Die zweite Whiskey-Sour-Eiweiß-Mischung in einer Schüssel über einem leicht kochenden Wasserbad zu einem cremig-steifen, warmen Schaum aufschlagen. Diesen mit einem großen Löffel auf die Gläser verteilen. Sofort servieren.

GLÜHWEIN-
GRANITÉ

Für 4–6 Portionen

ZUTATEN

Abrieb und Saft von
1 Bio-Orange
500 ml Rotwein
100 ml Cassissaft
125 g brauner Zucker
4 EL Glühwein-Gewürz-
mischung
3–4 EL Rum

➡ Zubereitung: ca. 10 Min.

✚ Ziehen: 30 Min.

❄ Gefrieren: ca. 5 Std.

ZUBEREITUNG

1. Orangenabrieb mit Saft, Rotwein, Cassissaft und Zucker aufkochen. Vom Herd nehmen. Glühwein-Gewürzmischung und Rum zufügen und 30 Minuten ziehen lassen.

2. Flüssigkeit durch ein Sieb in eine flache Form gießen und ca. 5 Stunden in das Gefrierfach stellen. Dabei gelegentlich mit einer Gabel den gefrorenen Glühwein von Rand und Boden des Behälters kratzen. Granité aus dem Gefrierfach nehmen, mit einem Löffel in eisgekühlte Gläser füllen und sofort servieren.

TIPP

DAZU PASST EINE CREMIGE SCHOKO-
WHISKEY-SOSSE (SIEHE SEITE 152).

KAFFEEGRANITÉ

AUF VANILLE-MASCARPONE-CREME

Für 4–6 Gläser

ZUTATEN

75 g brauner Zucker

400 ml frisch zubereiteter starker Kaffee (abgekühlt)

250 g Mascarpone

Mark von 1 Vanilleschote

2 Eiweiß

1 Prise Salz

75 g Zucker

➡ Zubereitung: ca. 20 Min.

✳ Gefrieren: 4–5 Std.

ZUBEREITUNG

1. Braunen Zucker in den Kaffee rühren, bis er sich vollständig aufgelöst hat. Flüssigkeit in eine kleine, flache Form gießen und 4–5 Stunden in das Gefrierfach stellen. Gelegentlich mit einer Gabel den gefrorenen Kaffee von Rand und Boden des Behälters kratzen.

2. In der Zwischenzeit Mascarpone mit Vanillemark glatt rühren. Eiweiß mit Salz zu steifem Schnee schlagen. Dabei nach und nach den Zucker einrieseln lassen. Eischnee unter die Vanille-Mascarpone-Creme heben und in Gläser füllen. Kühl stellen.

3. Das gefrorene Granité aus dem Gefrierfach nehmen und auf der Creme in den Gläsern verteilen. Sofort servieren.

GEEISTER
BANANEN-
MILCHSHAKE

Für 4–6 Gläser

ZUTATEN

3 überreife Bananen

ca. 125 ml Sahne

50 g brauner Zucker

Mark von 1 Vanilleschote

250 ml eiskalte ungesüßte
Kokosmilch

50 ml Kokoslikör

Saft von 2 Limetten

Außerdem:

ca. 200 ml Erdnuss-
Karamell-Soße
(siehe Seite 143)

➡ Zubereitung: ca. 15 Min.

✱ Gefrieren: ca. 3 Std.

ZUBEREITUNG

1. Bananen schälen, würfeln und im Gefrierfach ca.
3 Stunden gefrieren lassen.

2. In der Zwischenzeit die Sahne steif schlagen und in
einen Spritzbeutel mit mittlerer Sterntülle füllen. Gefrorene
Bananenstücke, Zucker, Vanillemark, Kokosmilch, Kokoslikör und Limettensaft fein pürieren.

3. Mischung in eisgekühlte Cocktailgläser gießen, dann
die Sahne daraufspritzen. Erdnuss-Karamell-Soße erwärmen und über die Sahne gießen. Sofort servieren.

127

AFFOGATO

Für 4 Portionen

ZUTATEN

200 ml Milch

300 ml Sahne

100 g Zucker

1 Vanilleschote

4 Eigelb

2 EL Kaffeelikör

ca. 4–6 frisch zubereitete
Espresso

➡ Zubereitung: ca. 35 Min.

✳ Gefrieren: ca. 30 Min.

ZUBEREITUNG

1. Aus Milch, 200 Milliliter Sahne, Zucker, Vanille und
Eigelben ein Vanilleeis herstellen (siehe auch Seite 21).
Restliche Sahne halbsteif schlagen, Kaffeelikör unterrühren.

2. Jeweils 1 große Kugel Eis in eine Kaffeetasse geben,
darauf etwas Sahne verteilen. Den frischen Espresso über
das Eis gießen und sofort servieren.

Was wäre das beste Eis ohne frische Erdbeer-, warme Vanille- oder cremige Karamellsoße? Ohne bunte Zuckerstreusel, geraspelte Schokolade und aromatische Kokosspäne? Hausgemacht sind Soßen und Toppings am intensivsten im Geschmack. Mit unseren Rezepten können Sie munter experimentieren und kombinieren. Es ist alles erlaubt – Hauptsache es schmeckt!

AROMATISCHE FRUCHTSOSSEN

SOSSEN & TOPPINGS

SÜSSES
BASILIKUMPESTO

AROMATISCHE
FRUCHTSOSSE

Für 500 ml

ZUTATEN

500 g Obst oder Beeren
(z.B. Schwarze Johannis-
beeren, Mangos, Aprikosen,
Pfirsiche, Kiwis, Erd-,
Brom- oder Himbeeren)

100 g Zucker

Saft von 1 Limette

➡ Zubereitung: ca. 25 Min.

ZUBEREITUNG

Obst waschen und putzen, schälen oder entsteinen, dann
klein schneiden. Mit Zucker und Limettensaft in einen
hohen Behälter geben und mit einem Stabmixer sehr fein
pürieren. Obstpüree durch ein feines Sieb streichen und bis
zur Verwendung im Kühlschrank aufbewahren.

TIPPS

IN EINER GUT VERSCHLIESSBAREN FLASCHE HÄLT SICH DIE SOSSE
CA. 1 WOCHE. EINGEFROREN IST SIE MEHRERE MONATE HALTBAR. FAST
JEDE OBSTSORTE LÄSST SICH SCHNELL ZU EINER FARBIG-FRUCHTIGEN
SOSSE ODER EINEM LECKEREN PÜREE VERARBEITEN. AUCH AUFGETAUTE
TK-FRÜCHTE SIND GUT GEEIGNET. GENERELL GILT: JE REIFER DAS OBST
IST, DESTO AROMATISCHER WIRD DIE SOSSE. ZUSÄTZLICH KÖNNEN SIE DIE
FRUCHTSOSSEN NOCH MIT ETWAS VANILLEMARK, EINIGEN FEIN GEHACK-
TEN KRÄUTERN (Z.B. MINZE ODER BASILIKUM) UND/ODER 1–2 ESSLÖFFELN
GESCHMACKLICH PASSENDEM LIKÖR ODER OBSTGEIST AROMATISIEREN.

SÜSSES
BASILIKUMPESTO

Für 250 ml

ZUTATEN

50 g Pinienkerne

1 Bund Basilikum

100 ml mildes Olivenöl

Saft von ½ Limette

1 EL Puderzucker

50 g weiße Kuvertüre

➡ Zubereitung: ca. 15 Min.

ZUBEREITUNG

Pinienkerne in einer Pfanne goldbraun rösten. Anschließend abkühlen lassen. Basilikum abbrausen und trocken schütteln. Blättchen abzupfen und mit Öl, Limettensaft, Pinienkernen und Puderzucker mit dem Stabmixer fein pürieren. Kuvertüre fein raspeln und unter das Pesto heben.

HAUCHDÜNNE
SCHOKOBLÄTTER

Für ca. 200 g

ZUTATEN

200 g Zartbitterschokolade

➡ Zubereitung: ca. 15 Min.
● Abkühlen: ca. 30 Min.

ZUBEREITUNG

1. Schokolade möglichst klein hacken. Ein Drittel in eine Schüssel geben und über einem heißen Wasserbad schmelzen. Schüssel vom Wasserbad nehmen und die restliche Schokolade unterrühren. Mischung auf ca. 27 °C abkühlen lassen. Dann die Schüssel erneut auf das Wasserbad stellen und die Schokolade auf 33–34 °C erwärmen.

2. Die temperierte Schokolade auf einen großen oder mehrere kleine Bögen Backpapier streichen und im Kühlschrank in ca. 30 Minuten vollständig erkalten lassen.

3. Schokolade nach Belieben in Stücke brechen und am besten in einer Dose im Kühlschrank aufbewahren.

HAUCHZARTE
FRUCHTBLÄTTER

Für ca. 200 g

ZUTATEN

ca. 150 g reifes Steinobst
oder Beeren (z.B. Mangos,
Pfirsiche, Aprikosen; Erd-,
Heidel- oder Himbeeren)

100 g Zucker

50 g Mehl

50 g weiche Butter

➡ Zubereitung: ca. 15 Min.

▦ Backen: ca. 35 Min.

● Abkühlen: ca. 30 Min.

ZUBEREITUNG

1. Obst wenn nötig schälen, entsteinen oder putzen und in einem hohen Behälter mit einem Stabmixer sehr fein pürieren. Anschließend das Püree durch ein Sieb streichen. 100 Gramm des Fruchtpürees abmessen und mit Zucker, Mehl und Butter in einer Schüssel zu einem glatten Teig verrühren.

2. Den Backofen auf 130 °C (Umluft) vorheizen. Den Teig mit einer Palette möglichst dünn und gleichmäßig auf eine Silikonbackmatte streichen, auf ein Backblech legen und die Fruchtblätter ca. 35 Minuten backen.

3. Backblech aus dem Ofen nehmen, Teig erkalten lassen, dann mit einer Palette von der Backmatte abheben und nach Belieben in Stücke brechen.

TIPP

SOLLTE DER TEIG NACH DEM BACKEN UND ABKÜHLEN NOCH NICHT
KNUSPRIG GENUG SEIN, EINFACH NOCH WEITERE 10–15 MINUTEN
IM OFEN BACKEN. DIE FERTIGEN FRUCHTBLÄTTER AM BESTEN IN EINEM
LUFTDICHT VERSCHLIESSBAREN BEHÄLTER AUFBEWAHREN.

BEERENGRÜTZE

PORTWEIN-PFEFFER-KIRSCHEN

GEWÜRZORANGEN

EXOTISCHER
FRUCHTMIX

PORTWEIN-PFEFFER-KIRSCHEN

Für ca. 1 kg Kirschen

ZUTATEN

1 kg reife Sauerkirschen

2–3 EL schwarze Pfefferkörner

Saft von 1 Orange

750 ml roter Portwein

50 g Honig

75 g Zucker

1 Zimtstange

➡ Zubereitung: ca. 25 Min.

◆ Sterilisieren: ca. 15 Min.

ZUBEREITUNG

1. Kirschen waschen, Stiele mit einer Schere etwas kürzen. Kirschen rundum mit einer feinen Nadel mehrmals einstechen, dann in ein großes oder in mehrere kleine Einmachgläser füllen.

2. Pfeffer in einem Mörser grob zerstoßen. Orangensaft mit Portwein, Honig, Zucker, Zimt und Pfeffer in einen Topf geben und aufkochen. Dann den heißen Sud über die Kirschen gießen und die Gläser fest verschließen.

3. Gläser in einen großen Topf stellen und diesen mit so viel Wasser füllen, dass die Gläser bis zur Hälfte darin stehen. Topf auf den Herd stellen und das Wasser auf ca. 80 °C erhitzen. Deckel auflegen und die Gläser im Topf in ca. 15 Minuten sterilisieren.

BEERENGRÜTZE

Für 4–6 Portionen

ZUTATEN

500 g gemischte Beeren
(z.B. Brom-, Him-,
Johannis-, Erd- und
Heidelbeeren; alternativ:
aufgetaute TK-Beeren)

100 g Zucker

100 ml Rotwein

150 ml Kirschsaft

1 Vanilleschote

Abrieb von 1 Bio-Zitrone

1 Zimtstange

2 EL Speisestärke,
mit etwas kaltem
Wasser angerührt

➡ Zubereitung: ca. 25 Min.

● Abkühlen: ca. 2 Std.

ZUBEREITUNG

1. Beeren verlesen bzw. putzen, evtl. ganz kurz abbrausen und gut auf Küchenpapier abtropfen lassen. Erdbeeren entkelchen, je nach Größe vierteln oder halbieren.

2. Zucker in einem Topf bei geringer Hitze goldbraun karamellisieren. Dann mit Rotwein und Kirschsaft ablöschen. Vanilleschote aufschlitzen, mit Zitronenabrieb und der Zimtstange zugeben und alles bei geringer Hitze 5–8 Minuten köcheln lassen. Anschließend den Sud mit angerührter Speisestärke binden.

3. Die heiße Soße durch ein Sieb über die Beeren gießen und locker unterheben. Grütze mit Folie abgedeckt im Kühlschrank erkalten lassen.

GEWÜRZORANGEN

Für 4 Portionen

ZUTATEN

4 Orangen

1 kleine Chilischote

1 Vanilleschote

2–3 Kardamomkapseln

75 g Zucker

300 ml Orangensaft

1 Zimtstange

1–2 Sternanis

ca. 2 TL Speisestärke, mit etwas kaltem Wasser angerührt

➡ Zubereitung: ca. 25 Min.

● Abkühlen: ca. 2 Std.

ZUBEREITUNG

1. Orangen mit einem scharfen Messer sorgfältig schälen, dabei das Weiße der Schale komplett entfernen. Fruchtfilets zwischen den Trennwänden herauslösen. Chili- und Vanilleschote der Länge nach halbieren, Kardamomkapseln andrücken.

2. Zucker in einem Topf karamellisieren, dann mit Orangensaft ablöschen. Gewürze und Chili zufügen, alles um die Hälfte einkochen lassen. Den kochenden Sud mit etwas Stärke binden. Fruchtfilets untermischen und abkühlen lassen.

EXOTISCHER FRUCHTMIX

Für 4–6 Portionen

ZUTATEN

1 reife Mango

1 Baby-Ananas

2 Passionsfrüchte

200 ml Maracujasaft

75 g brauner Zucker

2–3 EL Rum

2 TL Speisestärke, mit etwas kaltem Wasser angerührt

➡ Zubereitung: ca. 25 Min.

● Abkühlen: ca. 2 Std.

ZUBEREITUNG

1. Mango und Ananas schälen. Mangofruchtfleisch am Stein entlang herunterschneiden und würfeln. Ananas vierteln, Strunk wegschneiden, Fruchtfleisch würfeln.

2. Passionsfrüchte halbieren. Mit einem Löffel das Fruchtmark mit den Kernen herauskratzen, mit Maracujasaft, braunem Zucker und Rum in einen kleinen Topf geben und 4–5 Minuten köcheln lassen. Anschließend mit angerührter Stärke binden.

3. Gewürfeltes Obst unter die Passionsfruchtsoße mischen und den Fruchtcocktail abgedeckt vollständig abkühlen lassen.

IDEE

AUSSER ANANAS UND MANGOS EIGNEN SICH VIELE ANDERE FRÜCHTE FÜR DEN FRISCHEN OBSTMIX, BEISPIELSWEISE PAPAYAS, BANANEN, KAKTUSFRÜCHTE, PHYSALIS, KIWIS ETC.

VANILLESOSSE

Für 500 ml

ZUTATEN

250 ml Milch

250 ml Sahne

100 g Zucker

Mark von 2 Vanilleschoten

4 Eigelb

➡ Zubereitung: ca. 15 Min.

● Abkühlen: ca. 2 Std.

ZUBEREITUNG

Milch in einem kleinen Topf mit Sahne, Zucker und Vanillemark aufkochen. Langsam unter Rühren zu den Eigelben in eine Schüssel gießen. Flüssigkeit wieder zurück in den Topf geben und bei geringer bis mittlerer Hitze so lange rühren, bis die Soße eine leicht dickliche Konsistenz erlangt hat. Durch ein Sieb passieren und mit Folie abgedeckt im Kühlschrank abkühlen lassen.

SCHOKO-WHISKEY-SOSSE

Für 500 ml

ZUTATEN

100 g Zartbitterschokolade

100 g Vollmilchschokolade

150 ml Sahne

50 g Zucker

Saft von 1 Orange

50 ml Whiskey

➡ Zubereitung: ca. 10 Min.

● Abkühlen: ca. 2 Std.

ZUBEREITUNG

Beide Schokoladensorten klein hacken. Sahne mit Zucker und Orangensaft aufkochen. Topf vom Herd nehmen, Zartbitter- und Vollmilchschokolade nach und nach unter die Flüssigkeit rühren und darin schmelzen. Soße abschließend mit Whiskey aromatisieren und abkühlen lassen.

ERDNUSS-KARAMELL-SOSSE

Für 250 ml

ZUTATEN

150 g brauner Zucker

75 g Butter

150 ml Sahne

50 g Erdnussbutter

➡ Zubereitung: ca. 10 Min.

▪ Einkochen: ca. 15 Min.

● Abkühlen: ca. 2 Std.

ZUBEREITUNG

Zucker mit Butter, Sahne und Erdnussbutter in einem kleinen Topf bei mittlerer Hitze um die Hälfte (auf ca. 250 Milliliter) einkochen lassen. Dabei gelegentlich umrühren. Soße abkühlen lassen.

TIPPS

IN EINEM EINMACHGLAS ODER EINER GUT VERSCHLIESSBAREN FLASCHE HÄLT SICH DIE SOSSE IM KÜHLSCHRANK CA. 2 WOCHEN. SOLLTE DIE SOSSE IN KALTEM ZUSTAND ZU DICKFLÜSSIG SEIN, KÖNNEN SIE SIE MIT ETWAS SAHNE VERDÜNNEN. ODER ABER SIE STELLEN DIE FLASCHE MIT DER SOSSE IN EIN WARMES WASSERBAD UND ERWÄRMEN SIE.

MOKKASOSSE
MIT KARDAMOM

Für 500 ml

ZUTATEN

100 g Mokkabohnen

5–6 Kardamomkapseln

200 ml Milch

200 ml Sahne

50 g Zucker

3 Eigelb

50 g Vollmilchschokolade

➡ Zubereitung: ca. 25 Min.

✚ Ziehen: 15–20 Min.

● Abkühlen: ca. 2 Std.

ZUBEREITUNG

1. Mokkabohnen und Kardamom in einem Mörser fein zerstoßen und mit Milch, Sahne und Zucker aufkochen. Topf vom Herd nehmen. Soße 15–20 Minuten ziehen lassen.

2. Anschließend alles durch ein feines Sieb zu den Eigelben in eine Schüssel gießen und verrühren. Flüssigkeit wieder zurück in den Topf geben und bei geringer bis mittlerer Hitze so lange rühren, bis die Soße eine leicht dickliche, cremige Konsistenz erlangt hat. Schokolade klein hacken, unterrühren und in der heißen Soße schmelzen. Mokkasoße mit Folie abgedeckt im Kühlschrank vollständig auskühlen lassen.

PISTAZIENSOSSE
MIT AMARETTO

Für 500 ml

ZUTATEN

50 g weiße Kuvertüre
250 ml Milch
150 ml Sahne
4 Eigelb
100 g geschälte Pistazien
ca. 3 EL Amaretto

➡ Zubereitung: ca. 15 Min.
● Abkühlen: ca. 2 Std.

ZUBEREITUNG

1. Kuvertüre hacken. Milch mit Sahne und Eigelben in einem kleinen Topf verquirlen und bei mittlerer Hitze so lange rühren, bis die Soße eine cremige, leicht dickflüssige Konsistenz erlangt hat. Topf vom Herd nehmen, Kuvertüre unterrühren und in der heißen Soße schmelzen.

2. Soße in einen hohen Behälter umfüllen. Pistazien und Amaretto zufügen und alles mit einem Stabmixer in 1–2 Minuten möglichst fein pürieren. Soße mit Folie abgedeckt im Kühlschrank vollständig auskühlen lassen.

TIPP

DIE FÜNF CREMIGEN SOSSEN SCHMECKEN WARM
EBENFALLS HERVORRAGEND.

KNUSPRIGE

SCHOKO-KOKOS-TALER

Für ca. 40 Stück

146

ZUTATEN

50 g Butter

100 g Puderzucker

100 g Mehl

2 EL Kakaopulver

2 Eiweiß

150 g Kokosraspel

➡ Zubereitung: ca. 20 Min.

📅 Backen: ca. 6 Min.
pro Backvorgang

ZUBEREITUNG

Butter in einem kleinen Topf schmelzen. Mit Puderzucker, Mehl, Kakao und Eiweißen zu einem glatten Teig verrühren. Den Backofen auf 180 °C vorheizen. Jeweils 1 TL Teig abnehmen und mit einem Löffelrücken zu einem gleichmäßig dünnen Kreis (Ø 6–8 cm) auf ein mit Backpapier ausgelegtes Blech streichen. Die Teigkreise mit Kokosraspeln bestreuen und in ca. 6 Minuten knusprig backen. Gebäck aus dem Ofen nehmen, erkalten lassen und vorsichtig mit einer Palette vom Papier lösen.

KOKOSCHIPS

CURRY-BANANEN-AROMAZUCKER

KARAMELLNÜSSE

LIMETTEN-BASILIKUM-ZUCKER

BRIOCHE-CRÔUTONS

GEWÜRZSTREUSEL

KOKOSCHIPS

Für 200 g

ZUTATEN

1 kleine frische Kokosnuss

➡ Zubereitung: ca. 15 Min.

🗓 Backen: 8–10 Min.

ZUBEREITUNG

Den Backofen auf 150 °C vorheizen. Kokosnuss aufbrechen. Dies geht am besten mit dem Rücken eines großen schweren Messers, mit dem man mehrmals kräftig auf die Kokosnuss schlägt, während man sie langsam in der Hand kreisen lässt. Fruchtfleisch mit einem kleinen, spitzen Messer aus der Schale lösen. Vom Kokosfruchtfleisch mit einem Sparschäler dünne Späne herunterschälen und diese gleichmäßig auf einem mit Backpapier ausgelegten Backblech verteilen. Späne in 8–10 Minuten goldbraun und knusprig rösten. Anschließend vollständig abkühlen lassen und in einer luftdicht verschließbaren Dose aufbewahren.

KARAMELLNÜSSE

Für ca. 200 g

ZUTATEN

150 g Nuss-Mischung
50 g Zucker
1 Prise Salz
1 Prise Zimt

➡ Zubereitung: ca. 15 Min.

🗓 Backen: ca. 10 Min.

ZUBEREITUNG

Den Backofen auf 180 °C vorheizen. Nuss-Mischung grob hacken. Zucker mit 50 Milliliter Wasser, Salz und Zimt aufkochen, dann mit den gehackten Nüssen vermischen und auf einem mit Backpapier ausgelegten Backblech verteilen. Nüsse in ca. 10 Minuten goldbraun karamellisieren. Dabei gelegentlich mit einem Löffel wenden. In einer luftdicht verschließbaren Dose aufbewahren.

AROMAZUCKER

CURRY-BANANE UND LIMETTE-BASILIKUM

Für je 250 g

ZUTATEN

Für den Curry-Bananen-Zucker:

200 g weißer Kandiszucker

2–3 TL Currypulver

50 g Bananenchips

Für den Limetten-Basilikum-Zucker:

2–3 Stängel Basilikum

Abrieb von 2 Bio-Limetten

250 g weißer Kandiszucker

➡ Zubereitung:
   je ca. 10 Min.

ZUBEREITUNG

1. Für den Curry-Bananen-Zucker den Kandiszucker mit Curry und Bananenchips in einen Mörser geben und fein zerstoßen.

2. Für den Limette-Basilikum-Zucker Basilikum abbrausen, trocken schütteln und die Blättchen abzupfen. Mit Limettenabrieb und Zucker in einen Mörser geben und fein zerstoßen.

TIPPS

STATT EINES MÖRSERS KÖNNEN SIE AUCH EINEN LEISTUNGSSTARKEN MIXER VERWENDEN. DER CURRY-BANANEN-ZUCKER BLEIBT IN EINEM EINMACHGLAS CA. 2 WOCHEN SCHÖN AROMATISCH. DIE GESCHMACKS-RICHTUNG LIMETTE-BASILIKUM HÄLT SICH IM EINMACHGLAS 4–5 TAGE.

GEWÜRZSTREUSEL

Für 250 g

ZUTATEN

150 g Mehl

50 g Zucker

50 g weiche Butter

1 EL Spekulatiusgewürz

➡ Zubereitung: ca. 10 Min.

🗓 Backen: ca. 10 Min.

ZUBEREITUNG

Den Backofen auf 180 °C vorheizen. Mehl mit Zucker, Butter und Spekulatiusgewürz zu Streuseln verkneten. Streusel gleichmäßig auf einem mit Backpapier ausgelegtes Backblech verteilen und in ca. 10 Minuten goldbraun und knusprig backen. Anschließend abkühlen lassen.

TIPP

IN EINER LUFTDICHT VERSCHLIESSBAREN DOSE
HALTEN SICH DIE STREUSEL MEHRERE WOCHEN.

BRIOCHE-CRÔUTONS

Für 400 g

ZUTATEN

½ rote Chilischote

1 Zimtstange

2–3 Kardamomkapseln

1 Vanilleschote

75 g Zucker

1 Sternanis

400 g Brioche
(alternativ: Hefezopf)

➡ Zubereitung: ca. 20 Min.

🗓 Backen: ca. 10 Min.

ZUBEREITUNG

1. Chilischote klein hacken, Zimtstange zerbröckeln, Kardamomkapseln andrücken, Vanilleschote aufschlitzen. Chili mit Zucker, 100 Milliliter Wasser und allen Gewürzen bei geringer bis mittlerer Hitze ca. 8 Minuten leise köcheln lassen. Dann abkühlen lassen und durch ein feines Sieb gießen.

2. Den Backofen auf 200 °C vorheizen. Brioche in ca. 1 cm große Würfel schneiden und mit dem Gewürz-sirup beträufeln. Auf einem mit Backpapier ausgelegten Backblech verteilen und in ca. 10 Minuten goldbraun und knusprig rösten. Dabei die Crôutons gelegentlich mit einem Löffel durchmischen.

REGISTER

ANDREAS NEUBAUER, gelernter Koch und Küchenmeister, ist seit 1990 in diversen Sternerestaurants tätig – unter anderem auf der Stromburg bei Johann Lafer, mit dem er seit 15 Jahren zusammenarbeitet. Als gefragter Autor und Foodstylist von über 70 Büchern entwickelt er Rezepte für Kochbuchverlage, Zeitschriften und fürs Fernsehen. Im Hölker Verlag erschien zuletzt *Meine feine Chocolaterie.*

OLIVER BRACHAT arbeitet als erfolgreicher Still-Life-Fotograf in seinem eigenen Studio in Düsseldorf. Mit viel Kreativität und Liebe zum Detail schafft er außergewöhnliche Food-Fotografien. Zuletzt im Hölker Verlag erschienen sind neben seiner dreiteiligen *Ordentlich-kochen*-Reihe seine Kochbücher *Burger, Meine feine Chocolaterie* und *Mein Kräuter- und Blumenkochbuch.*
www.oliverbrachat.com

1. Auflage

© 2021 by Bassermann Verlag, einem Unternehmen der Penguin Random House Verlagsgruppe GmbH, Neumarkter Straße 28, 81673 München
© der Originalausgabe: 2016 Hölker Verlag im Coppenrath Verlag GmbH & Co. KG, Hafenweg 30, 48155 Münster, Germany
Originaltitel: Eis genießen

ISBN 978-3-8094-4407-7

Die Verwertung der Texte und Bilder, auch auszugsweise, ist ohne Zustimmung des Verlags urheberrechtswidrig und strafbar. Dies gilt auch für Vervielfältigungen, Übersetzungen, Mikroverfilmung und für die Verarbeitung mit elektronischen Systemen.

Rezepte und Küche: Andreas Neubauer
Fotografie: Oliver Brachat, www.oliverbrachat.com
Fotoassistenz und Styling: Steffi Neff
Redaktion: Kathrin Nick
Layout: Stefanie Wawer

Für die Bassermannausgabe
Umschlaggestaltung: Atelier Versen, Bad Aibling
Herstellung: Elke Cramer
Projektleitung: Anja Halveland

Die Ratschläge in diesem Buch sind vom Autor und vom Verlag sorgfältig erwogen und geprüft, dennoch kann eine Garantie nicht übernommen werden. Eine Haftung des Autors bzw. des Verlags und seiner Beauftragten für Personen-, Sach- und Vermögensschäden ist ausgeschlossen.

Sollte diese Publikation Links auf Webseiten Dritter enthalten, so übernehmen wir für deren Inhalte keine Haftung, da wir uns diese nicht zu eigen machen, sondern lediglich auf deren Stand zum Zeitpunkt der Erstveröffentlichung verweisen.

Satz: Nadine Thiel, kreativsatz, Baldham
Druck und Bindung: Firmengruppe APPL, aprinta druck GmbH, Wemding

Printed in Germany

Penguin Random House Verlagsgruppe FSC® N001967

AMARETTI

KLEINE BAISERTUPFEN

POPCORN